Wirtschaftsförderung in Lehre und Praxis

Weitere Bände in dieser Reihe
http://www.springer.com/series/15091

Herausgegeben von:

André Göbel
FB Verwaltungswissenschaften
Hochschule Harz
Halberstadt, Deutschland

Die Buchreihe ergänzt das Studium der Wirtschaftsförderung an der Hochschule Harz und wurde unter der Leitung von Professor Dr. André Göbel in enger Kooperation mit Partnern aus der Wissenschaft und Praxis entwickelt. In einem modularen Aufbau werden Grundlagen-, Methoden- und Schlüsselkompetenzen vermittelt. Neue Bedingungen im kommunalen, regionalen und internationalen Standortwettbewerb erfordern eine moderne Verwaltungsinfrastruktur mit ausgezeichnet qualifiziertem Nachwuchs an Fach- und Führungspersonal. Eine hohe Serviceorientierung, effektive Methoden und Technologien und eine immer stärkere Verzahnung mit der kommunalen Entwicklung prägen das Bild der heutigen Wirtschaftsförderung. Als Bindeglied zwischen Verwaltungen und Unternehmenbieten Wirtschaftsförderungen ein vielseitiges Tätigkeitsfeld. Buchreihe und Zertifikatskurs richten sich an MitarbeiterInnen aus der Wirtschaftsförderung, der kommunalen Verwaltung sowie an politische Mandatsträger und an Interessierte aus ähnlichen Berufsfeldern.

Andreas Greve • Vera Freytag
Silke Katterbach

Unternehmensführung und Wandel aus Sicht der Wirtschaftsförderung

Grundlagen für die Praxis

Andreas Greve
nextpractice GmbH
Bremen, Deutschland

Silke Katterbach
nextpractice GmbH
Bremen, Deutschland

Vera Freytag
nextpractice GmbH
Bremen, Deutschland

Wirtschaftsförderung in Lehre und Praxis
ISBN 978-3-658-14591-0   ISBN 978-3-658-14592-7 (eBook)
DOI 10.1007/978-3-658-14592-7

Die Deutsche Nationalbibliothek verzeichnet diese Publikation in der Deutschen Nationalbibliografie; detaillierte bibliografische Daten sind im Internet über http://dnb.d-nb.de abrufbar.

Springer Gabler
© Springer Fachmedien Wiesbaden 2016
Das Werk einschließlich aller seiner Teile ist urheberrechtlich geschützt. Jede Verwertung, die nicht ausdrücklich vom Urheberrechtsgesetz zugelassen ist, bedarf der vorherigen Zustimmung des Verlags. Das gilt insbesondere für Vervielfältigungen, Bearbeitungen, Übersetzungen, Mikroverfilmungen und die Einspeicherung und Verarbeitung in elektronischen Systemen.
Die Wiedergabe von Gebrauchsnamen, Handelsnamen, Warenbezeichnungen usw. in diesem Werk berechtigt auch ohne besondere Kennzeichnung nicht zu der Annahme, dass solche Namen im Sinne der Warenzeichen- und Markenschutz-Gesetzgebung als frei zu betrachten wären und daher von jedermann benutzt werden dürften.
Der Verlag, die Autoren und die Herausgeber gehen davon aus, dass die Angaben und Informationen in diesem Werk zum Zeitpunkt der Veröffentlichung vollständig und korrekt sind. Weder der Verlag, noch die Autoren oder die Herausgeber übernehmen, ausdrücklich oder implizit, Gewähr für den Inhalt des Werkes, etwaige Fehler oder Äußerungen.

Coverdesign: deblik Berlin unter Verwendung der Grafik der © Hochschule Harz

Gedruckt auf säurefreiem und chlorfrei gebleichtem Papier

Springer Gabler ist Teil von Springer Nature
Die eingetragene Gesellschaft ist Springer Fachmedien Wiesbaden GmbH
Die Anschrift der Gesellschaft ist: Abraham-Lincoln-Strasse 46, 65189 Wiesbaden, Germany

Inhaltsverzeichnis

1 **Einführung** 1
   1.1 Problemhintergrund und Aktualität 1
   1.2 Ziele des Moduls und Ausrichtungen 2
   1.3 Strukturierungen 3

2 **Die Theorie dynamischer Systeme als Erklärungsansatz** 5
   2.1 Der System-Begriff 6
   2.2 Unternehmen als soziales System 7
   2.3 Konstruktivismus 11
   2.4 Chaos, Selbstorganisation und Synergetik 12
   2.5 Selbstorganisation und Alltagsdenken 15
   2.6 Musterwechsel brauchen Instabilität 17
   Literatur 18

3 **Die Bedeutung von Kultur in Zeiten des Wandels** 21
   3.1 Der Kultur-Begriff 21
   3.2 Unternehmenskultur 25
   3.3 Kultur des Wandels 31
   Literatur 35

4 **Das Individuum im Spannungsfeld von Stabilität und Instabilität** ... 37
   4.1 Resilienz 38
   4.2 Resilienz und Führung 42
   Literatur 43

5 **Kulturelle Kraftfelder als Entscheidungsgrundlage in disruptiven Zeiten** ... 45
   5.1 Paradigmenwechsel in Marktforschung und Demoskopie 45
   5.2 Das Interview- und Analysewerkzeug „nextexpertizer" 48
   5.3 Methodische Vertiefung nextexpertizer 51
   5.4 Ablauf des Messprozesses 52
   Literatur 54

6	**Ergebnisse aktueller Kulturstudien zu Führung und Arbeit**	57
	6.1 Führungskultur im Wandel	57
	6.1.1 Fünf Führungstypen	62
	6.1.2 Roadmap für die Entwicklung „guter Führung"	63
	6.2 Arbeitskultur im Wandel	64
	Literatur	68
7	**Selbstreflexion als Königsweg im Umgang mit Komplexität**	69
	7.1 Historie der Selbstreflexion	70
	7.2 Psychologische Modelle und Theorien	72
	7.3 Persönlichkeitsentwicklung	74
	7.4 Selbstcoaching	76
	Literatur	78
8	**Führung in einer vernetzten, multioptionalen Welt**	79
	8.1 Ansätze und Formen von Führung	80
	8.2 Ableitung Führungstypen	84
	Literatur	86
9	**Praxisbeispiele innovativer Unternehmens- und Führungsmodelle**	87
	9.1 Mitarbeiter führen Unternehmen bei der Haufe-umantis AG	88
	9.2 Als Kollektiv zum Erfolg bei Premium	89
	9.3 Vernetzt arbeiten und Sinn stiften bei Lindig	90
	Literatur	91
10	**Gesamtresümee und Abschlusskontrolle**	93
	10.1 Resümee	93
	10.2 Abschließende Kontrollfragen	95
	Literatur	95

Einführung 1

> **Zusammenfassung**
>
> Eine Auseinandersetzung mit den Themen Unternehmensführung und Wandel sind in Zeiten der Digitalisierung und in einer immer schnelleren, globaleren Welt von zunehmender Relevanz. Alte Konzepte, in denen Manager ihr Unternehmen hierarchisch steuern und kontrollieren, sowie die Annahme, Märkte mit Push-Strategien grundlegend beeinflussen zu können, scheinen in einer vernetzten, instabilen Welt nicht länger zu greifen.

1.1 Problemhintergrund und Aktualität

Alles deutet darauf hin, dass die Digitalisierung radikale Veränderungen auf unterschiedlichen Ebenen bewirkt. Neue technologische Errungenschaften bieten zahlreiche bislang unbekannte Möglichkeiten, helfen Informationswege zu optimieren, die Effizienz zu steigern, erleichtern die Arbeit und erhöhen den Lebensstandard. Gleichzeitig stellt uns die digitale und technologische Revolution vor neue Herausforderungen, indem sie zum Beispiel eine Vielzahl von Arbeitsplätzen, besonders im Handel, in der industriellen Produktion und in der Verwaltung überflüssig machen werden.

Eine weitere in ihrer Bedeutung oft unterschätzte Ebene, auf der sich grundlegende Veränderungen vollziehen, ist die soziokulturelle Ebene. Die Art und Weise unseres Miteinanders verändert sich durch die digitale Vernetzung ebenso radikal wie die Bedingungen auf der technologischen Ebene. Die Möglichkeiten nahezu grenzloser Informationsbeschaffung und Teilhabe verändern die Dynamiken in Wirtschaft und Gesellschaft – „always on" ist die Devise. Die daraus resultierenden Herausforderungen sind zum Beispiel die schnellen, teilweise sprunghaften Veränderungen in Markt und Gesellschaft mit sinkender Vorhersagegenauigkeit, eine Machtverlagerung vom Anbieter zum Nachfrager und die Vielfalt der sich herausbildenden Interessensgruppen.

Ob in den Märkten, im Unternehmen, in Gesellschaft oder Politik, die starke Mitte löst sich zunehmend auf. Während man vor nicht allzu langer Zeit mit seinem Unternehmen auf Basis von gesundem Halbwissen um die wirklichen Bedürfnisse seiner Mitarbeiter und Kunden und einer mittelmäßigen Empathiefähigkeit die starke Mitte noch treffen konnte und damit ausreichend erfolgreich war, kommen wir heute nicht darum herum, uns mit einer zunehmenden Vielfalt von Bedürfnissen und Erwartungen auseinanderzusetzen und in Dialogen auf Augenhöhe die Art und Weise des Miteinanders auszuhandeln.

Kulturstudien zu Arbeit und Führung zeigen eindringlich (vgl. Kap. 6), wie sich Wertegruppen herausgebildet haben, die teilweise diametrale Vorstellungen davon haben, wie sie sich Arbeit und Führung wünschen. Was für die einen das erstrebenswerte Erfolgskonzept ist, kann für andere das Bedrohungsszenarium schlechthin sein. Auch eine einfache Adressierung dieser Vorstellungen an die ewig Gestrigen, die früher oder später auf den Zug aufspringen werden, einerseits, und die Generationen „Y" und „Z" andererseits, springt zu kurz. Alt oder jung spielt bezüglich derer Vorstellungen von Arbeit und Führung keine Rolle.

Dies zu akzeptieren und zu belassen wird auf lange Sicht nicht funktionieren, denn wir brauchen ein solidarisches und kollaboratives Miteinander, um die aktuellen Herausforderungen zu meistern und neuen Herausforderungen wachsam zu begegnen. Darin sind sich zumindest die Mitglieder der Arbeitsgesellschaft – wenn auch noch größtenteils unbewusst – einig: Die Kulturstudie zum Thema „gute Führung" zeigt, dass rund 78 Prozent der befragten Führungskräfte einen Paradigmenwechsel in der deutschen Wirtschaft prognostizieren. Und gar 100 Prozent sind davon überzeugt, dass ein Einlassen auf ergebnisoffene Prozesse und eine Gestaltung derselben die Zukunft mit prägen werden.

Für die Wirtschaftsförderung ist dieser Wandel in besonderer Hinsicht relevant. Ob als Informationsvermittler zwischen Verwaltung und Unternehmen, als Interessensvertretung der Unternehmen in der Kommunalpolitik oder als Plattform und Netzwerk für Unternehmen: In all diesen Rollen muss die Wirtschaftsförderung für eine gelungene Standortentwicklung und eine Stärkung der regionalen Wirtschaft sorgen und sieht sich zugleich mit dem digitalen und demografischen Wandel konfrontiert. In ihrer wichtigen Funktion als Bindeglied zwischen Verwaltung und Unternehmen reicht es nicht aus, wenn Wirtschaftsförderungen lediglich auf die sich verändernden Rahmenbedingungen reagieren. Vielmehr müssen sie vorausschauend und aktiv agieren und Entscheidungen treffen, die die Entwicklung von erfolgsversprechenden Konzepten zur Wirtschaftsförderung befördern. Dazu bedarf es der Kompetenzen und des Wissens um die Themen Führung und Wandel in einer zuvor nie dagewesenen Dynamik.

1.2   Ziele des Moduls und Ausrichtungen

Das Modul „Unternehmensführung und Wandel" widmet sich folgenden Fragen:

- Wie lassen sich Veränderungsprozesse im Allgemeinen erklären?
- Welche Bedeutung hat Kultur in Zeiten des Wandels? Warum ist Kultur ein entscheidender Faktor für das Gelingen von Veränderungsprozessen?

- Wie kann ich mich als Individuum in instabilen Zeiten stärken? Wie kann ich mich als Führungsperson für die Herausforderungen wappnen, die im Markt, in der Gesellschaft und in den Unternehmen zunehmend virulent werden?
- Wie lässt sich die Kultur eines Systems erfassen?
- Wie sieht die Zukunft von Führung und Arbeit aus?
- Wie lässt sich ein Paradigmenwechsel in Unternehmen konkret umsetzen? Von welchen Beispielen kann ich lernen?

Die Leser sollen lernen und verstehen, welche Veränderungen in der komplexen Dynamik einer vernetzten Welt entstehen und welche Auswirkungen dieser Wandel auf die Spannungsfelder Markt, Gesellschaft und Unternehmen hat. Die zugrunde liegenden Theorien und praktischen Ansätze von dynamischen Systemen und (Organisations-)Kultur bzw. Change Management werden theoretisch und anhand von Praxisbeispielen bearbeitet.

Die Leser lernen außerdem die sich verändernden Anforderungen an Führung basierend auf den Ergebnissen von breit angelegten Studien kennen und sollen die Kompetenz entwickeln, das eigene (Führungs-)Verhalten bewusster reflektieren und wirksamer gestalten zu können.

Weiterhin sollen die Heterogenität von Wertemustern und die daraus resultierenden Herausforderungen an Unternehmensführung kennengelernt werden. Praxisbeispiele innovativer Unternehmens- und Führungsformen können vor dem Hintergrund der theoretischen Lerninhalte reflektiert und bewertet werden.

1.3 Strukturierungen

Das vorliegende Skript ist wie folgt gegliedert:

Jedes Kapitel beginnt mit einer Beschreibung der **Lernziele**. Diese verdeutlichen, welche Kenntnisse und Fähigkeiten Sie nach der Durcharbeitung des jeweiligen Kapitels erworben haben sollten.

Die Darstellung des Kapitelthemas erfolgt in einem **Basistext** mit Grafiken, Tabellen und Beispielen, der die grundlegenden Zusammenhänge veranschaulichen soll.

Im Anschluss daran finden Sie eine **Kurzzusammenfassung** der im Kapitel beschriebenen Inhalte. Diese kurzen Resümees greifen auf die Lernziele zurück, sind aber keinesfalls ausreichend für ein Verständnis der Kapitelinhalte.

Kontroll- und Lernfragen am Ende jedes Kapitels dienen der weiterführenden Reflexion und helfen Ihnen zu überprüfen, ob Sie das Gelesene verstanden und gelernt haben. Durch die Reflexion Ihrer eigenen Praxis im Kontext des Gelernten soll der Transfer zwischen Theorie und Praxis erleichtert werden.

Jedes Kapitel endet mit einem **Literaturüberblick** der im Kapitel zitierten Werke.

Wir möchten Sie einladen, das vorliegende Studienmaterial und die darin dargestellten Ansätze kritisch zu lesen. Zum Teil werden zu einem Thema eine Reihe unterschiedlicher Theorien vorgestellt, die nicht zu Verwirrung führen, sondern vielmehr zu einer Reflexion ihrer Anwendbarkeit und Sinnhaftigkeit anregen sollen.

Die Theorie dynamischer Systeme als Erklärungsansatz

2

Zusammenfassung

Die Theorie dynamischer Systeme, insbesondere bekannt geworden als Selbstorganisations- und Chaostheorie, soll als Erklärungsgrundlage und Gestaltungskonzept für (Veränderungs-)Prozesse in Unternehmen dienen. Um die Anwendung dieser Theorie für die Unternehmenspraxis nachvollziehen zu können, muss ein Verständnis über Systeme im Allgemeinen und die zugrunde liegende konstruktivistische Erkenntnistheorie vorhanden sein. So wird im Folgenden zunächst der System-Begriff und die konstruktivistische Erkenntnistheorie vorgestellt, anschließend die Theorie dynamischer Systeme ausgehend von einem Umgang mit komplexer Dynamik und Selbstorganisation erläutert.

Lernziele

In diesem Kapitel wird zunächst der System-Begriff auf Grundlage verschiedener Definitionsansätze eingeführt und zudem beschrieben, über welche Bestandteile und Merkmale ein System verfügt. Vor diesem Hintergrund wird erläutert, was ein soziales System charakterisiert, welche unterschiedlichen Herangehensweisen es diesbezüglich gibt und inwiefern sich ein Unternehmen als ein soziales System beschreiben lässt. In diesem Zusammenhang wird der erkenntnistheoretische Ansatz des Konstruktivismus vorgestellt, der der Systemtheorie als auch allen weiteren in diesem Skript beschriebenen Theorien zugrunde liegt. Ferner werden die Faktoren Instabilität und autonome Ordnungsbildung im Rahmen der Chaos- und Selbstorganisationstheorie und Synergetik diskutiert und es wird dargelegt, welche Konsequenzen diese Erkenntnisse für dynamische Systeme haben. Abschließend wird der Zusammenhang zwischen Veränderung und Instabilität beschrieben.

Nach der Durcharbeitung dieses Kapitels sollten Sie

- verstehen, was ein System ist.
- die Dynamik, die mit Systemen verbunden ist, nachvollziehen können.
- verstehen, wie vor diesem Hintergrund Veränderung funktioniert.

2.1 Der System-Begriff

Die Definition des Systems erfuhr je nach Forschungsrichtung und -schwerpunkt unterschiedliche Konkretisierungen, deren Gemeinsamkeiten im Folgenden herausgearbeitet werden sollen. Meist unterscheiden sich die Definitionsansätze in ihrer Präzision. So schlägt Picht beispielsweise folgende Definition vor: „Unter System (zu deutsch Zusammenstand) pflegen wir eine Ordnung zu verstehen, in der jedem Element, das in ihr vorkommt, eine jeweils eindeutig bestimmbare Position zugewiesen werden kann" (Picht 1981, S. 9). Lucadou und Kornwachs (1978) fügen dieser Definition hinzu, dass es eine Mindestzahl von Verbindungen zwischen den Elementen geben muss. System-Definitionen dieser Art existieren viele und wurden oftmals für ihre Ungenauigkeit kritisiert. Nichtsdestotrotz beinhalten sie wesentliche Aspekte, nämlich dass Systeme (1) aus **Elementen** bestehen, die in (2) **Relation** zueinander stehen. Folgende Definition beschreibt dies noch genauer und ist nach Saldern (1998) die wohl umfassendste:

„Ein System wird allgemein definiert als eine Menge von Elementen, die in Interaktionsbeziehungen zueinander stehen. Jedes System besteht somit aus Objekten als den Elementen oder Teilen des Systems. Die Objekte besitzen Merkmale und die Objekte und ihre Merkmale werden durch Beziehungen untereinander zu einem System verbunden. Die Interaktion von Elementen kann für sich genommen keine systembegründende Eigenschaft sein. Denn von Elementen zu sprechen, heißt bereits vorauszusetzen, dass sie Teile einer Gesamtheit sind." (Röpke 1977, S. 14)

In dieser Definition greift Röpke auf den wohl anerkanntesten Systemtheoretiker Luhmann zurück, der das System als eine Ordnungsform beschreibt, die Elemente in einen Strukturzusammenhang bringt, der seinerseits häufig auch schon System genannt wird. Nach Luhmanns Sichtweise gäbe es also nichts, was nicht selbst ein System oder Teil eines Systems wäre. Für eine Erklärung des System-Begriffs ist das problematisch, da ein solches Verständnis von Systemen allumfassend ist und man nichts dagegen kontrastieren kann. Zudem fehlt in den bisherigen System-Definitionen die Abgrenzung zum mathematischen Begriff einer strukturieren Menge bzw. eines Gebildes. Saldern (1998, S. 68) schlägt deshalb vor, das Verständnis der alten Griechen hinsichtlich des System-Begriffs (Systema) aufzugreifen, demnach ein System ein Gebilde ist, das irgendein Ganzes ausmacht und dessen einzelne Teile in ihrer Verknüpfung irgendeine Ordnung aufweisen.

Damit können folgende drei Hauptbestandteile einer allgemeinen System-Definition identifiziert werden: (1) **Element** (Bestandteil), (2) **Relation** (Beziehung zwischen den Bestandteilen) und (3) **Umwelt** (Abgrenzung der Ganzheit). Vorteilhaft an Salderns Vorschlag ist, dass man nicht nur festlegt, was zu einem konkreten System gehört, sondern auch bestimmt, was nicht zu ihm gehört und was seine Umgebung ausmacht.

Ausdiesem Definitionsansatz resultieren drei Leitdifferenzen (Saldern 1998, S. 69):

- das Verhältnis von Teil und Ganzem (Differenzierung und Integration),
- das Verhältnis zwischen System und Umwelt (Komplexitätsaufbau und -reduktion; Innen- und Außenorientierung),
- die Entwicklung der Identität bzw. Differenz (Kontinuität und Veränderung).

2.2 Unternehmen als soziales System

Die Systemtheorie kann helfen, die Komplexität betrieblicher Wirklichkeit zu erfassen, ohne den damit oft befürchteten Bezug zur Realität zu verlieren (Maul 1993). Beispielsweise wird die Synergetik (Lehre vom Zusammenwirken von Elementen) nicht nur in der Betriebswissenschaft, sondern auch in vielen anderen Wissenschaften als Hilfsmittel angewandt, in denen ein Handeln in komplexen Umwelten relevant ist, wie zum Beispiel in der Biologie, Pädagogik, Ökologie, Physik, Chemie, Gestaltpsychologie, Kommunikation, Soziologie und Philosophie. Auch wenn in vielen Bereichen ein Handeln in komplexen Umwelten gefordert wird, ist das Sujet in seiner Tiefe selbst in der Wissenschaft noch nicht ganz durchdrungen. Das liegt unter anderem daran, dass die Entstehung komplexer Systeme oft von Menschen eingeleitet wurde, aber deren Komplexität nicht willentlich beabsichtigt war. In diese Kategorie fallen auch Unternehmen, wie in Tab. 2.1 beschrieben.

Unternehmen gelten demnach als soziale Systeme, die zwar als Ergebnis menschlichen Handelns entstanden sind, jedoch ohne willentliche Absicht. Die Theorie sozialer Systeme ist ein universaler Forschungsansatz, der die zunehmende Komplexität sozialer Phänomene berücksichtigt, insbesondere der Gesellschaftsbeschreibungen.

Die Entwicklung der **soziologischen Systemtheorie** kann nach Willke (1991, S. 3 ff.) in fünf Stufen eingeteilt werden:

Tab. 2.1 Die Entstehung von Systemen nach Malik (1993)

Entstehung von Systemen	als Ergebnis menschlicher Absicht	ohne menschliche Absicht
ohne menschliches Handeln	(1) existieren nicht	(2) rein natürliche Systeme wie Planetensysteme, molekulare Systeme, Gehirn etc.
als Ergebnis menschlichen Handelns	(3) vor allem technische Systeme	(4) die meisten komplexen sozialen Systeme und Institutionen (Geld, Recht, Sprache, Unternehmen etc.)

1. Die **strukturell-funktionale Systemtheorie** des frühen Talcott Parsons, in der soziale Systeme über bestimmte Strukturen verfügen. Aus diesen Strukturen müssen zum Systemerhalt bestimmte funktionale Leistungen durch das System erbracht werden.
2. Der **system-funktionale Ansatz** verweist auf die Fähigkeit komplexer Systeme zu eigenen Strukturänderungen, die durch veränderte Umweltbedingungen ausgelöst und notwendig werden.
3. Der **funktional-strukturelle Ansatz** des frühen Luhmann geht einen Schritt weiter und fragt zunächst nach der Funktion von Systemen und dann erst nach der dafür notwendigen Struktur. Da sich eine Systemfunktion erst aus der Beziehung des Systems zu seiner Umwelt ergibt, ist dieser Ansatz in erster Linie eine **System-Umwelt-Analyse**. Die Umwelt bekommt damit nicht nur Einfluss auf die Struktur eines Systems, sondern auch auf die Systembildung selbst. Aus Sicht des Systems gilt es, die Komplexität der Umwelt auf angemessene Weise (mit Blick auf die eigene Stabilität) verarbeiten zu können.
4. In dem **funktional-genetischen Ansatz** liegt der Fokus auf der **Evolution** von Systemen bezüglich des Zeitfaktors von Stabilisierung und Funktionserfüllung.
5. Der Ansatz **selbstreferenzieller Systeme** schließlich (Luhmann ab ca. 1984) übernimmt das **Autopoiesis-Konzept** aus der Biologie (Maturana, Varela) und überträgt es auf soziale Systeme.

Nach Luhmann ist die **Gesellschaft** allen anderen Systemen übergeordnet und beschreibt daher ein „umfassendes soziales System, das alle anderen soziale Systeme in sich einschließt" (Luhmann 1997, S. 78). Seiner Ansicht nach bilden sich soziale Systeme durch **Kommunikation**, wobei eine beobachtbare Spezifik von Kommunikation auch spezifische Systeme strukturiert. Kommunikation wird hier nicht im Sinne von menschlichem Sprachhandeln, sondern als abstrakte Operation verstanden, die soziale Systeme konstituiert. Schon aus der Alltagserfahrung heraus wissen wir, dass das **Wirtschaftssystem** anders kommunizieren muss als etwa das **System Liebe**: Während Liebende ihre intimen Gefühle zum Ausdruck bringen, sind gefühlsbetonte Gespräche in der Geschäftswelt weniger angebracht. Liebe und Wirtschaftssystem verfügen über eine eigene „Sprache", ebenso wie zum Beispiel das politische System, das Gesundheitssystem, das Kunstsystem, das Rechtssystem, das Wissenschaftssystem und das Erziehungssystem. Allen ist gemeinsam, dass sie für die **Gesellschaft** (die Gesamtheit aller Kommunikationen) eine **spezifische Funktion** übernehmen. Das Wirtschaftssystem sorgt für die Sicherstellung künftiger Versorgung unter den Bedingungen der Knappheit und bedient sich dazu der „Sprache" des Eigentums oder (seit einer ausdifferenzierten Geldwirtschaft) des Geldes.

Nach Luhmann bestehen also soziale Systeme generell aus Kommunikationen, das Wirtschaftssystem im Besonderen aus Geldkommunikationen. Nicht das Geld selbst (also die Banknoten) bilden das Wirtschaftssystem, sondern die jeweiligen Zahlungen (und auch die Nicht-Zahlungen). Zahlungen und Nicht-Zahlungen sind die **kommunikativen Operationen** des Wirtschaftssystems.

2.2 Unternehmen als soziales System

Damit diese kommunikativen Operationen erfolgen können, ist das Wirtschaftssystem auf **Organisationen** angewiesen, etwa auf Unternehmen, eine Zentralbank und auf Personen in Form von Mitarbeitern und Konsumenten. Es existiert jedoch nur im Augenblick einer Zahlung oder Nicht-Zahlung, es schrumpft oder wächst dynamisch und ist nicht statisch an Gebäuden oder Banknoten festzumachen. Diese gehören zur Umwelt des Wirtschaftssystems, nicht zum System selbst.

Soziale Systeme zeichnen sich nach Luhmann durch Selbstreferenz, Autopoiesis und Geschlossenheit bzw. Differenz zur Umwelt aus. Selbstreferenzielle Systeme sind operational geschlossen, indem sie sich in ihren Aktivitäten nur auf sich selbst beziehen und nur auf Veränderungen in ihrem eigenen System reagieren. Dadurch grenzen sie sich von ihrer Umwelt ab, gewinnen Beständigkeit und ermöglichen Systembildung und Identität. Ein weiteres wesentliches Kriterium eines Systems ist die Fähigkeit, sich selbst (wieder-)herzustellen, also die Autopoiesis. Luhmann bezieht sich dabei auf das Konzept der chilenischen Neurobiologen Maturana und Varela, die das Konzept der Autopoiesis auf organische Prozesse anwandten und erklärten, dass sich Systeme mit Hilfe ihrer eigenen Elemente selbst erschaffen. Lebewesen sind die ursprünglichen Beispiele für autopoietische Systeme, insofern sie gleichermaßen Erzeuger und Erzeugnis sind, ohne dass ein äußerer herstellender Prozess eingreift. Luhmann überträgt dieses naturwissenschaftliche Konzept auf psychische und insbesondere soziale Systeme. Auch diese reproduzieren sich selbst mit Hilfe ihrer *systemeigenen Operationen*.

Luhmanns Systemtheorie hat eine breite Diskussion um soziale Systeme ausgelöst. Besonders für seinen „antihumanistischen" Ansatz, wie Luhmann ihn selbst nannte, erntete er viel Kritik, denn er bedingt, dass der Mensch als individuelle Entität „verschwindet". Stattdessen wird er unterschieden in ein lebendes System (Körper, Organe, Gehirn etc.) und ein psychische System (das Bewusstsein). Diese Systeme sind über strukturelle Kopplung miteinander verbunden (vgl. Gerth 2005).

Während der Hirnforscher Roth (1986, S. 157) die Annahme von Luhmann teilt, dass man „auch überindividuelle Systeme wie soziale Systeme, kommunikative Systeme oder Rechtssysteme als selbstreferenzielle Systeme bezeichnen [kann]", ist Hejl (1985, S. 103) nicht der Ansicht, dass soziale Systeme autopoietisch sind. Er begründet dies damit, dass soziale Systeme nicht die lebenden Systeme erzeugen, welche die sozialen Systeme konstituieren, und bezieht sich mit dieser Kritik auf Luhmanns Annahme, dass die Elemente sozialer Systeme Handlungen oder Kommunikationen seien. Hejl schlägt stattdessen davor, soziale Systeme als synreferenziell zu bezeichnen und weist ihnen folgenden Eigenschaften zu (vgl. Saldern 1998, S. 138):

- Soziale Systeme werden durch lebende Systeme konstituiert, die prinzipiell frei sind, an der Konstitution eines spezifischen Systems teilzunehmen oder nicht. Wenn sie teilnehmen, verlieren sie dennoch nicht ihren Charakter als Individuen.
- Menschliche lebende Systeme konstituieren stets eine Mehrzahl sozialer Systeme zur gleichen Zeit.

- Im Gegensatz zu selbsterhaltenden Systemen erzeugen soziale Systeme ihre Komponenten in physischer Hinsicht nicht selber, in psychischer Hinsicht können soziale Systeme ihre Komponenten sehr wohl erzeugen.
- Im Unterschied zu selbstreferenziellen Systemen organisieren soziale Systeme nicht alle Zustände ihrer Komponenten und legen damit nicht die jeweilige systemrelative Realität als die einzige Realität fest, die ihren Individuen zugänglich ist.
- Im Gegensatz zu den Komponenten biologischer Systeme haben alle Komponenten sozialer Systeme direkten Zugang zur Umwelt des jeweiligen sozialen Systems.
- Die Gruppenmitglieder müssen eine gemeinsame Realität und damit einen Bereich sinnvollen Handelns und Kommunizierens erzeugt haben und auf diesen bezogen interagieren.

Hejl also bezieht im Gegensatz zu Luhmann den Mensch aktiv in die Vorstellung eines sozialen Systems mit ein. Probst (1987) fügt den Annahmen Hejls fünf Besonderheiten humaner sozialer Systeme hinzu (vgl. Saldern 1998, S. 140 f.):

1. Zweckbezogenheit auf verschiedenen Ebenen: Humane soziale Systeme haben immer einen gesetzten oder immanenten Zweck. Humane soziale Systeme gliedern sich oft in Teilsysteme, die ihre eigenen Zwecke haben und wählen, ob und was sie tun wollen. Natürliche Systeme sind auch ohne Zweck verstehbar, dies ist bei humanen sozialen Systemen nicht möglich.
2. Die Interpretation von Wirklichkeit: Humane soziale Systeme haben nicht eine objektive Wirklichkeit, sondern viele Wirklichkeiten, die individuell und sozial konstruiert sind (Konstruktivismus). Konstruktionen sind also nicht in einem positivistischen Sinne wahr oder falsch, sondern dadurch bedingt, wie die jeweilige Wirklichkeit wahrgenommen, interpretiert und genannt wird.
3. Reflexion und Handeln: Soziale humane Systeme sind zur Reflexion fähig. Ihre Ordnung ist nicht wie in biologischen Systemen eingebaut oder immanent, sondern Ordnung ist ein Produkt von Gestaltungsprozessen.
4. Interaktive Kommunikation und Symbolisierung: Soziale Systeme erhalten ihre Identität nur durch und in der Beachtung der Anderen.
5. Sinnhaftigkeit und Urteilsfähigkeit: Die Suche nach Sinn hat eine zentrale Funktion im menschlichen Denken und Handeln. Humane soziale Systeme sind sinnhaft aufgebaut. Prinzipiell können Ziele, Werte und Normen sozialer humaner Systeme durch diese selbst thematisiert und verändert werden.

Der in Punkt zwei genannte Gedanke der Konstruktion eines Systems ist wesentlich für systemtheoretische Ansätze im Allgemeinen. Denn demzufolge müssen auch die Beschreibungen sozialer und humaner Systeme Konstruktionen über Realitäten sein. Durch diese erkenntnistheoretische Annahme unterscheidet sich die Systemtheorie grundlegend von positivistischen Wissenschaften. Worum genau es sich bei der konstruktivistischen Erkenntnistheorie handelt, beschreibt das folgende Kapitel.

2.3 Konstruktivismus

Im vorherigen Kapitel ist deutlich geworden, dass durch die Interaktion kognitiver Subsysteme Wirklichkeiten geschaffen werden können. Die Annahme, dass es einen Unterschied zwischen der Welt und der Wahrnehmung von der Welt gibt, ist nicht neu (s. Abb. 2.1) und hat erhebliche Konsequenzen für die Managementlehre.

In der Diskussion um unterschiedliche System-Begriffe wird immer wieder betont, dass Systeme von Beobachtern gestaltet und daher durch diese determiniert sind. Ein Systemtheoretiker muss sich zunächst fragen, was eigentlich das System ist, das er untersuchen will, und er muss sich darüber im Klaren sein, dass Systeme unterschiedlich abgegrenzt werden können. Grundsätzlich ist es so, dass es je nach Betrachter und Betrachtungsweise zu unterschiedlichen Realitäten kommen kann. Bei jeder Betrachtung eines Systems gehen die Wertvorstellungen und Meinungen der Person ein, die das System betrachten und abgrenzen will. Jede Systemabgrenzung ist also abhängig von dem erkannten und zu lösenden Problem. Weiterhin gilt, dass Systeme eine Umwelt haben und Teil eines größeren Ganzen sind. „Die Elemente eines Systems können ihrerseits Systeme sein, die sich wiederum aus Systemen zusammensetzen. Was als System betrachtet wird, hängt ab vom Betrachter." (Hejl 1982, S. 25)

Entscheidend ist, wer wo welche Grenzen zieht. Zwei Herangehensweisen hinsichtlich dieser Problematik bieten sich an: Entweder man begreift den Beobachter selbst als System oder man geht davon aus, dass das Verfahren der Systemwissenschaften selbst konstruktivistisch ist. Roth (1986, S. 172 f.) betont, dass die Wahrnehmung eine vom Gehirn erzeugte Wahrnehmung ist. Das Gehirn hat vorwiegend die Aufgabe, Komplexität zu reduzieren, was „nur in einem System möglich [ist], das aktiv mit seinen eigenen Wahrnehmungsinhalten operieren kann. Die Welt wird nicht so wie sie ist dargestellt, sondern so, wie das Gehirn und der Organismus am besten damit umgehen können."

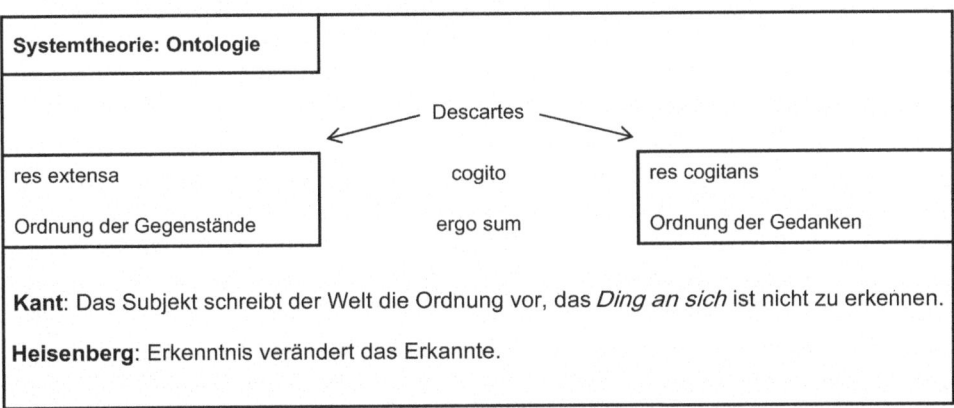

Abb. 2.1 Welt und Wahrnehmung nach Saldern (1998, S. 143)

Jede Beschreibung eines Systems ist somit abhängig vom Beobachter und von der vom Beobachter gewählten Genauigkeit. Sowohl Wissenschaftler als auch Manager sind als Beobachter selbstreferenziell und konstruieren Realität. Diese Haltung wird häufig durch verschiedene Metaphern zum Ausdruck gebracht. Im Neuro-Linguistischen-Programmieren (NLP), einer Art Meta-Modell und Sammlung von Methoden zur Kommunikation und Veränderung unbewusster psychischer Abläufe, wird die konstruktivistische Haltung in einer der sogenannten „Grundannahmen" beschrieben als „Die Landkarte ist nicht das Gebiet". Diese Metapher soll verdeutlichen, dass wir als Mensch unsere eigene mentale Landkarte konstruieren, die lediglich eine Annäherung an die Welt darstellt und nicht die Welt oder das Gebiet selbst ist. Da unsere Sinne wie Filter funktionieren, erschließt sich uns die Welt nur indirekt über unsere Sinneseindrücke. Und da keine Landkarte für sich beanspruchen kann, die einzig richtige oder maßgebliche zu sein, gilt die Metapher im NLP auch als Aufforderung zu Respekt und Toleranz. Je unterschiedlicher die Landkarte eines Gegenübers, umso bereichernder kann sie für die eigene Weltsicht sein. Das Interesse und eine positive Neugier an anderen Landkarten fördern die eigene Wahrnehmung und geistige Flexibilität.

2.4 Chaos, Selbstorganisation und Synergetik

Die Dynamik von Systemen, die während der letzten Jahrzehnte mit der rapiden Erhöhung der Vernetzungsdichte durch Globalisierung und Entwicklung des Internets exponentiell und unaufhaltsam wächst, wird durch die Begriffe Chaos, Selbstorganisation und Synergetik zum Ausdruck gebracht und theoretisch diskutiert. „Offenkundig treffen Thesen und Erkenntnisse von Chaos- und Selbstorganisationstheorie einen akuten gesellschaftlichen Nerv", so Kruse (2004). Nur wenige andere theoretische Ansätze haben eine derartige öffentliche Aufmerksamkeit erlangt, was nach Kruse weniger auf das wissenschaftliche Innovationspotenzial dieser Konzepte zurückzuführen ist als vielmehr auf die Konfrontation mit unserem Alltagsdenken hinsichtlich der Komplexität der anstehenden Problemlagen.

Zu berücksichtigen ist, dass die zentralen Aussagen der Selbstorganisations- und Chaostheorie die Gültigkeit bestehender Erkenntnisse und Forschungsstrategien nicht widerlegen, sondern vielmehr das Verständnis des Verhaltens komplexer Systeme um die Aspekte **Instabilität** und **autonome Ordnungsbildung** ergänzen.

Nach Kruse (2004, S. 40 f.) lässt sich der Zustand und das Verhalten von natürlichen und künstlichen Systemen anhand zweier Unterscheidungsdimensionen einordnen. Die eine Dimension beschreibt den Grad der Systemkomplexität (einfach oder komplex) und die andere beschreibt die Art der Systemdynamik (stabil oder instabil). Stark vereinfacht ergeben sich vier Typen von Systemen (s. Tab. 2.2).

Einfache Systeme sind durch eine niedrige Komplexität ausgezeichnet und enthalten wenige Elemente mit geringer Vernetzungsdichte. Komplexe Systeme hingegen bestehen aus vielen beteiligten und vernetzten Elementen. Bei stabiler Systemdynamik verhält sich das System vorhersagbar und erlaubt es, aus dem vergangenen Verhalten das zukünftige Verhalten abzuleiten. Instabile Systeme dagegen durchlaufen spontan sprunghafte Zustandsänderungen und erlauben keine vergangenheitsbasierten Zukunftsbeschreibungen.

Tab. 2.2 Einordnung von Systemen hinsichtlich ihrer Dynamik und Komplexität nach Kruse (2004)

	Handlungsstrategie		Handlungsstrategie	
	Steuerung	Regelung	Versuch und Irrtum	Selbstorganisation
Systemzustand	STABIL	STABIL	INSTABIL	INSTABIL
Organisation	EINFACH	KOMPLEX	EINFACH	KOMPLEX
Funktionsweise	Ursache-Wirkung	Soll-ist-Abgleich	Suchbewegung	Musterwechsel
	Management von Stabilität		**Management von Instabilität**	

So kann jedes System – ob Individuum oder Familie, mittelständisches Unternehmen oder multinationaler Konzern, Staat oder Staatengemeinschaft – auf diesem Abstraktionsniveau als einfach-stabil oder komplex-stabil, als einfach-instabil oder komplex-instabil kategorisiert werden. Nützlich wird diese Einordnung, wenn eine direkte Verbindung mit konkreten Handlungsstrategien hergestellt wird. Das Erkennen dieser prinzipiell unterschiedlichen Handlungsstrategien ist nach Kruse erfolgskritisch.

Nur wenn ein System **einfach und stabil** ist, gilt das Prinzip der **Steuerung**, können also vorgegebene Ergebnisse durch eine Abfolge gerichteter und dosierter Kraftimpulse, gebunden an einfache Ursache-Wirkungs-Zusammenhänge, gezielt erreicht werden. Solche Systeme umfassen eine überschaubare Zahl von lediglich gering miteinander vernetzten Elementen und sind in ihrem Verhalten vorhersagbar. Bezogen auf den Markt kann die Handlungsstrategie der Steuerung nur auf Monopole angewendet werden. Der Markt ist nur dann steuerbar, wenn die Nachfrage größer als das Angebot ist. Bezogen auf die Produktherstellung kann das Konzept der Steuerung lediglich zum Beispiel auf einfache Fertigungsstraßen mit geringer technologischer Entwicklung angewendet werden. Der Umgang mit solchen Systemen ist programmtechnisch problemlos automatisierbar.

Wird das System jedoch bei weiterhin stabilem Verhalten zunehmend komplexer, gilt die Handlungsstrategie der **Regelung**. Bezogen auf die Marktsituation ist die Kategorie „**komplex und stabil**" vergleichbar mit einer Marktführerschaft, die ihr Angebot kontinuierlich an eine sich ändernde Nachfrage anpasst. In der Produktion verkörpert beispielsweise eine Fertigungsstraße mit teilautonomen Arbeitsgruppen ein komplexes und stabiles System. Geregelt werden die Systemprozesse durch Rückmeldeschleifen, also durch die Minimierung von Soll-Ist-Abweichungen. Komplexität baut sich dabei über das Ineinandergreifen verschiedener Rückmeldeschleifen und die Verschachtelung auf (vgl. Kruse 2004, S. 42).

Noch deutlicher können wir das Prinzip der Regelung in allen biologischen Systemen beobachten, die für ihr Überleben auf die Einhaltung stabiler Bedingungen angewiesen sind. Beispielsweise ist etwa der Erhalt lebenswichtiger Funktionen bei Warmblütern an einen eng begrenzten Temperaturbereich gebunden. Die Einhaltung dieses Bereiches lässt sich als Regelkreis beschreiben, indem die jeweils aktuelle Körpertemperatur ständig über spezielle Sinnesorgane aufgenommen wird und dieser Ist-Wert im Nervensystem mit einem genetisch verankerten Sollwert verglichen wird. Ist die Temperatur zu hoch, wird der

Körper zum Beispiel über Verdunstung gekühlt. Ist die Temperatur zu niedrig, wird der Körper zum Beispiel über Muskelaktivität wie Zittern erwärmt.

Auch im menschlichen Verhalten sind die Prinzipien der Steuerung und Regelung unter bestimmten Bedingungen zu beobachten. Als Beispiel kann das von Miller et al. (1960) entwickelte TOTE-Modell herangezogen wird, in dem das menschliche Verhalten über hierarchisch verschachtelte Regelkreise als *Test-Operate-Test-Exit* (TOTE) modelliert wird. In diesem Modell gestaltet der Mensch seine Welt über Ziele und Teilziele, deren Erreichung er über gerichtete Aktivitäten und einen stetigen Soll-Ist-Vergleich gewährleistet.

Im Unternehmenskontext entspricht dieses Schema der Steuerungs- und Regelungstheorie, das in der Wissenschaft auch als Kybernetik erster Ordnung bezeichnet wird, der Idee des „Management by Objectives". „Wann immer ein Berater oder ein Manager einen Prozess mit der Definition einer Zielvorstellung, eines Sollwertes und mit einer Situationsanalyse, also der Bestimmung des Ist-Wertes, beginnt, unterstellt er die Stabilität des Systems", so Kruse (2004, S. 43). Sollwerte beschreiben eine Projektion der gegenwärtigen Bedingungen auf die Zukunft und unterstellen die Planbarkeit einer Entwicklung, ohne unkalkulierbare Veränderungen oder Prozessmusterwechsel zu berücksichtigen. Steuerung und Regelung sind also gebunden an Stabilität, d.h. an die Vorhersagbarkeit zukünftiger Entwicklungen.

Befindet sich ein System in einer Phase nicht vorhersagbarer Änderungen, ist der Versuch zu steuern oder zu regeln unangemessen. In Marktsituationen kommen **einfache und instabile** Systeme etwa beim Straßenverkauf vor, also beim Wettbewerb mit kurzfristiger Erfolgsaussicht. Auch spontane Reparaturversuche lassen sich als einfach und instabil beschreiben. Hier kann ein planloses Herumprobieren durchaus zum Ziel führen. Das Handeln nach **Versuch und Irrtum** ist jedoch nur dann effektiv, wenn mangelhafte Versuche bewusst registriert und Wiederholungen vermieden werden und so eine zielgerichtete Verbesserung entsteht.

Das „Herumprobieren" ist nach Kruse rein quantitativ wohl die am häufigsten genutzte Problemlösungsform im tierischen und menschlichen Verhalten. Obwohl das Prinzip von Versuch und Irrtum in der rational orientierten westlichen Welt weniger Anerkennung genießt als das Steuern und Regeln nach Plan, sind viele Erfindungen und Entdeckungen auf diese Weise zustande gekommen. So ist zum Beispiel die Erfindung des Teebeutels einem Händler zu verdanken, der aus Kostengründen seine Teeproben nicht mehr in kleinen Metallkisten, sondern in Seidensäckchen verschickte. Seine Kunden gaben die Proben einfach samt Seidenumhüllung ins Wasser.

Komplexe und instabile Systemgegebenheiten stellen die größte Herausforderung für das Handeln dar. Hier kann weder gesteuert noch geplant werden und auch das „Herumprobieren" ist völlig ungeeignet, da es angesichts der Systemkomplexität ein großes Handlungsrisiko birgt. Wir befinden uns hierbei in Situationen, die den Gültigkeitsbereich von **Selbstorganisation**skonzepten, der Kybernetik zweiter Ordnung, definieren.

Kruse vergleicht diesen Systemzustand mit einer Situation beim Segeln: Das Schiff befindet sich in fremden Gewässern und sucht nach unbekannten Küsten. Steuern und

Regeln sind nicht möglich, auch gibt es keine Seekarten und kein ortsbezogenes Wissen, an dem sich das Handeln ausrichten kann. Die Situation ist somit komplex und instabil. Ein dauerhaftes Vorgehen nach Versuch und Irrtum birgt die Gefahr des Schiffbruchs. „Es bleibt nur die Entwicklung von Visionen, das Vertrauen auf Intuition, die Sensibilisierung für die Wahrnehmung aktueller Gegebenheiten und das bewegliche Sich-Einlassen auf jede noch so kleine Veränderung", so Kruse (2004, S. 48 f.). Der Kurs bildet sich letztendlich aus der schrittweisen, aufeinander bezogenen Abstimmung von Zielvorstellungen und tatsächlichen Bedingungen. Somit ist das Handeln Ergebnis einer spontanen, eigendynamischen Ordnungsbildung.

In den letzten Jahrzehnten haben Wissenschaftler unterschiedlicher Fachrichtungen das Verhalten dynamischer Systeme ausgehend von der Kybernetik und der linearen Thermodynamik untersucht und zur Selbstorganisationstheorie weiterentwickelt. In der Physik ist diese Forschungsrichtung eng verbunden mit der Synergetik des Laserphysikers Haken, in der Biologie mit dem Hyperzyklus des Nobelpreisträgers Eigen, in der Chemie mit der nicht linearen Thermodynamik des Nobelpreisträgers Prigogine und in der Mathematik mit dem Nachweis der Existenz von deterministischem Chaos und der Berechnung fraktaler Strukturen sowie in der Hirnforschung mit der Modellierung neuronaler Netzwerke (vgl. Kruse 2004, S. 49).

Die Selbstorganisationstheorie ist wie die Kybernetik erster Ordnung ein Konzept, das auf Verhalten unterschiedlicher Systeme anwendbar ist. Insbesondere erleichtert die Selbstorganisationstheorie das Verständnis und die Bewältigung komplexer und instabiler Situationen. Die Grenze zwischen Stabilität und Instabilität markiert dabei einen Übergang zwischen grundverschiedenen Denk- und Handlungswelten in Wissenschaft und Praxis.

2.5 Selbstorganisation und Alltagsdenken

Menschen fällt es offenkundig schwer mit Störungen in einer bestehenden Stabilität oder in Phasen der Instabilität umzugehen. Unser Alltagsdenken ist überwiegend auf den Erhalt des Bestehenden und die Weiterentwicklung bereits erfolgreicher Strategien ausgerichtet. Zudem vermuten wir hinter jeder wahrgenommenen Ordnung unreflektiert eine ordnende Instanz.

„Werden beispielsweise eine rote und eine blaue Flüssigkeit miteinander vermengt, so wird niemand erwarten, dass sich die violette Mischung selbsttätig (also etwa ohne die ordnende Einwirkung von Zentrifugal- oder Schwerkraft) wieder in zwei eindeutig gefärbte Flüssigkeiten unterteilt"(Kruse 2004, S. 50). Eine bestehende Ordnung wird zumeist als stabil angenommen und es widerspricht der Intuition, dass ein System plötzlich und übergangslos aus einem ungeordneten Zustand in einen geordneten übergeht ohne Einfluss einer ordnenden Instanz. Auch wird vermutet, dass auftretende Änderungen dem Ausmaß der einwirkenden Kräfte entsprechen: Während wir bei kleine Ursachen nur kleine Wirkungen erwarten, vermuten wir bei große Ursachen auch große Wirkungen.

Erkenntnisse der Chaos- und Selbstorganisationstheorie stellen diese alltäglichen Grundannahmen infrage. Denn eine Vielzahl von Beispielen aus der Biologie, Chemie oder Physik zeigen, dass immer wieder spontane Reorganisationen auftreten, die plötzlich und scheinbar ohne äußere Kraft aus der Eigendynamik von Systemen entstehen. Als Beispiel weist Kruse auf die als eigenständige Einzeller lebenden Amöben hin, die sich wie von Geisterhand zum komplexen Organismus eines Schleimpilzes formieren. Diese Schleimpilze entstehen, wenn sich viele Einzellebewesen bei Nahrungsknappheit aufeinander zubewegen, miteinander verschmelzen und einen neuen Organismus bilden. Dabei verlieren sie unwiderruflich ihre Unabhängigkeit und wandeln sich zu spezialisierten Zellen entweder als Teil des Kopfes, Teil des Körpers oder Teil des Fußes. Die Spezialisierung verläuft rein zufällig. Das Ergebnis dieser Reorganisation ist ein lebens- und vermehrungsfähiges Ganzes, das über Sporenbildung den Fortbestand der Art sicherstellt. (Kruse 2004, S. 51)

Phänomene dieser Art wurden in den Wissenschaften schnell bekannt, da sie dem Grundprinzip der Natur zu widersprechen scheinen, dass lediglich Unordnung von alleine entstehen kann. Bislang hat die Forschung die Stabilität von Systemen in den Mittelpunkt ihrer Untersuchungen gestellt. Das Phänomen der Eigendynamik schien beschränkt auf das Erreichen des thermodynamischen Gleichgewichts. Störungen wurden nur als zu verringernde Abweichung vom Sollwert oder vom Gleichgewichtszustand aufgefasst.

Mit dem Aufkommen der Selbstorganisationstheorie konnte man nicht länger davon ausgehen, dass Störungen nicht mehr sind als eine Irritation bestehender Ordnung, sondern eine notwendige Voraussetzung für das Entstehen neuer Ordnung. Die Selbstorganisationstheorie belegt also, „dass komplexe Ordnungsbildung in der Natur an Phasen von Instabilität gebunden ist" (Kruse 2004, S. 53).

Der Physiker Haken hat in der Synergetik die Eigenarten spontaner Reorganisationsprozesse in der Natur an vielen Beispielen untersucht und mathematisch dargestellt. Basierend auf der Beobachtung der Ordnungsbildung beim Laserlicht konnte Haken zeigen, dass kurz bevor in einem System ein neues Ordnungsmuster entsteht, die bisherige Ordnung instabil wird. Gleichzeitig braucht das System in dieser Phase der Störung länger, um sich wieder zu stabilisieren, was Haken „kritisches Langsamwerden" nennt.

Haken modelliert zur Beschreibung von Phasenübergängen in dynamischen Systemen das Verhalten von Systemen als Bewegung einer Kugel in einer Landschaft, in der die Täler Stabilitätszustände beschreiben, die das System in seinem Verhalten anstrebt. Diese Stabilitätszustände werden in der Selbstorganisationstheorie als Attraktoren bezeichnet.

„Je tiefer ein Tal und je größer sein Einzugsbereich, desto wahrscheinlicher ist der jeweilige Stabilitätszustand. Wird eine Kugel im Einzugsbereich eines Tales gestartet, so rollt sie eigenständig zum tiefsten Punkt. Selbst wenn die Kugel in der Folge durch einen Kraftimpuls aus der erreichten Gleichgewichtslage heraus bewegt wird, stabilisiert sie sich bereits nach kurzer Zeit wieder. In der Stabilität ist die Entfernung vom Gleichgewichtszustand eine Störung, die eigendynamisch minimiert wird. Stabile Zustände sind selbsterhaltend." (Kruse 2004, S. 54)

2.6 Musterwechsel brauchen Instabilität

Auch das Gehirn hat als selbstorganisierendes System die Tendenz, an stabilen Mustern festzuhalten. Diese Tendenz wird in der Psychologie als „cognitive set" oder „Einstellungseffekt" bezeichnet, in der Physik ist diese Systemträgheit bekannt unter dem Begriff der „Hysterese". Betrachtet man Abb. 2.2 von oben nach unten, so wird das Gehirn relativ lange den Schriftzug „Chaos" beibehalten, bevor es gegen Ende das Wort „Order" erkennt. Von unten nach oben dagegen hält es länger am Muster „Order" fest.

Das Aufbrechen von Stabilität erfordert einen höheren Energieverbrauch. Bei Pferden kann man beispielsweise gut beobachten, wie viel Energie der Organismus in den Wechsel zu einer schnelleren Gangart investiert. Wesentlich ist, dass sich ein System im Zustand der Instabilität in einer sehr sensiblen Lage befindet. Bezogen auf Hakens Landschafts-Modell hat die Kugel auf der Spitze des Hügels einen Zustand der Instabilität erreicht und bereits ein winziger Kraftimpuls reicht aus, um die Kugel in die eine oder andere Richtung rollen zu lassen. Hier gilt das Prinzip „kleine Ursache – große Wirkung", auch bekannt unter dem „Schmetterlingseffekt".

Prinzipiell kann der Flügelschlag eines chinesischen Schmetterlings das Wetter in Deutschland verändern, da das Wetter von komplexen Strömungsdynamiken beeinflusst wird, die permanent instabile Phasen durchlaufen. Aufgrund dieser Instabilitäten reichen tatsächlich winzige Einflüsse aus, um dramatische Musterwechsel zu bewirken. Für eine langfristige Wetterprognose müssten daher alle winzigen Einflüsse gemessen werden, was in der letzten Konsequenz unmöglich ist. Instabilität bedeutet somit auch immer fehlende Vorhersagbarkeit.

Zusammenfassend lehrt uns die Selbstorganisationstheorie, dass eine grundlegende Musteränderung eine Instabilität voraussetzt und in der Phase der Instabilität die weitere Entwicklung des Systems prinzipiell nicht vorhersagbar ist.

Abb. 2.2 Hystereseschleife nach Haken und Haken-Krell (1992)

Resümee

Um die Theorie dynamischer Systeme nachvollziehen zu können, bedarf es grundlegender Kenntnisse über die Merkmale und Funktionalität von Systemen im Allgemeinen. Ein Unternehmen zum Beispiel kann als soziales System bezeichnet werden, das aus Elementen (Abteilungen, Menschen) besteht, die durch Interaktion und Wechselwirkungen miteinander verbunden sind, und das zudem selbstreferenziell (bzw. autopoetisch) ist und seine eigene Realität konstruiert. Je nach Zustand und Organisation des Systems gelten unterschiedliche Prinzipien und Handlungsmöglichkeiten. Ein System ist nur dann vorhersagbar, wenn sein Zustand stabil und es einfach organisiert ist. Weist ein System komplexe Organisationsstrukturen auf und befindet sich zudem in einem instabilen Zustand, wird an die Stelle des Prinzips der Steuerung ein Vertrauen auf Intuition und Selbstorganisation notwendig. Nur auf einer solchen Basis sind umfassende Veränderungsprozesse bzw. Musterwechsel in komplexen Strukturen zu vollziehen.

Kontroll- und Lernfragen

- Über welche Hauptbestandteile verfügt ein System und wie ist diese Einteilung zustande gekommen?
- Welche unterschiedlichen Ansätze gibt es, um soziale Systeme zu beschreiben?
- Was macht ein Unternehmen zu einem sozialen System?
- Beschreiben Sie die Hauptmerkmale und die Entstehungsgeschichte des Konstruktivismus.
- Erklären Sie den Zusammenhang zwischen dem Konstruktivismus und der Chaos- und Selbstorganisationstheorie und der Synergetik.
- Welche unterschiedlichen Handlungsmuster erfordern die verschiedenen Systemzustände in einem Unternehmen?
- Welche Beispiele für Musterwechsel kennen Sie aus Ihrer persönlichen Erfahrung?

Literatur

Gerth, M. (2005). *Kleine Einführung in die Systemtheorie nach Niklas Luhmann*. http://www.luhmann-online.de. Zugegriffen am 25.01.2016.

Haken, H., & Haken-Krell, M. (1992). *Erfolgsgeheimnisse der Wahrnehmung – Synergetik als Schlüssel zum Gehirn*. Stuttgart: Dt. Verl.-Anst.

Hejl, P. M. (1982). *Sozialwissenschaft als Theorie selbstreferentieller Systeme*. Frankfurt: Campus.

Hejl, P. M. (1985). Konstruktion der sozialen Konstruktion. In Carl Friedrich v. Siemens Stiftung (Hrsg.), *Einführung in den Konstruktivismus* (S. 85–115). München: Oldenbourg.

Kruse, P. (2004). *next practice – Erfolgreiches Management von Instabilität*. GABAL: Offenbach.

Lucadou, W. v., & Kornwachs, K. (1978). Funktionelle Komplexität und Lernprozesse: Beitrag zum Begriff der Komplexität. *Grundlagenstudien aus Kybernetik und Geisteswissenschaft, 19*(1), 1–10.

Luhmann, N. (1997). *Die Gesellschaft der Gesellschaft*. Frankfurt a. M.: Suhrkamp.

Malik, F. (1993). *Systemisches Management, Evolution, Selbstorganisation – Grundprobleme, Funktionsmechanismen und Lösungsansätze für komplexe Systeme*. Bern/Stuttgart: Haupt.

Maul, C. (1993). Der Beitrag der Systemtheorie zum strategischen Führungsverhalten in komplexen Situationen. *Zeitschrift für Betriebswirtschaft, 63*, 715–740.

Miller, G. A., Galanter, E. H., & Pribram, K. H. (1960). *Plans and structures of behavior*. New York: Holt Rinehart & Winston.

Picht, G. (1981). Zur Einführung. In K. M. K. Maurin & E. Rudolph (Hrsg.), *Offene Systeme II* (S. 9–16). Stuttgart: Klett-Cotta.

Probst, G. J. B. (1987). *Selbst-Organisation*. Berlin: Parey.

Röpke, J. (1977). *Die Strategie der Innovation*. Tübingen: Mohr.

Roth, G. (1986). Selbstorganisation – Selbsterhaltung – Selbstreferentialität: Prinzipien der Organisation der Lebewesen und ihre Folgen für die Beziehung zwischen Organismus und Umwelt. In A. Dress, H. Hendrichs & G. Küppers (Hrsg.), *Selbstorganisation* (S. 149–180). München: Piper.

von Saldern, M. (1998). *Grundlagen systemischer Organisationsentwicklung* (Betriebspädagogik aktuell, Bd. 2). Baltmannsweiler: Schneider-Verlag Hohengehren.

Willke, H. (1991). *Systemtheorie* (3. Aufl.). Stuttgart: Fischer.

Die Bedeutung von Kultur in Zeiten des Wandels 3

> **Zusammenfassung**
>
> Die Bereitschaft und Fähigkeit zum Wandel ist in erster Linie ein Kulturproblem. Der schwer zu greifende „weiche" Faktor der Kultur wird als „härtester" Erfolgsfaktor in Veränderungsprozessen angesehen. Doch was bedeutet „Kultur" überhaupt und warum ist sie so entscheidend für (Unternehmen in) Veränderungsprozesse(n)? Diesen Fragen wird sich in diesem Kapitel gewidmet.

> **Lernziele**
>
> In diesem Kapitel werden verschiedene Definitionsansätze und Dimensionen von Kultur vorgestellt. Diese Erkenntnisse werden auf Unternehmen übertragen und im Rahmen von Unternehmenskultur diskutiert. Abschließend wird dargestellt, welche Relevanz die (Unternehmens-)Kultur für Veränderungsprozesse hat.
>
> Nach der Durcharbeitung dieses Kapitels sollten Sie
>
> - die Herkunft des Kultur-Begriffs und deren Anwendung auf Unternehmen kennen.
> - die Bedeutung der Kultur für Veränderungsprozesse nachvollziehen können.

3.1 Der Kultur-Begriff

Auch bezüglich des Kultur-Begriffs gibt es unterschiedliche Definitionsansätze, die sich zum Teil überschneiden oder aber konzeptuell und in ihrer Erklärungstiefe verschieden sind. In diesem Kapitel werden diejenigen Definitionsansätze aufgeführt, die im Besonderen für den Kontext des Unternehmens und die Themen Führung und Wandel relevant sind.

Klimecki und Probst (1990) beschreiben Kultur als ein Konzept, das implizit, geistig, teilweise unbewusst, nicht direkt sichtbar, selbstverständlich und gewissermaßen undiskutierbar ist. Kultur stellt ein Muster dar aus Werten, Normen, Deutungen, Gefühlen etc., das geistig-sinnhafter Natur ist und materielle oder substanzielle Muster überlagert und ergänzt. Diese Muster hängen auf untrennbare Art zusammen, sie stützen sich und bedingen sich gegenseitig.

In einem sozialen System bezieht sich Kultur auf ein (mehr oder weniger aktiv) erworbenes Wissens- und Erkenntnismuster, das zur Interpretation von Erfahrungen und zur Generierung von Handlungen dient. So bildet Kultur ein Netz von Werten, Glaubensvorstellungen, kognitiver und normativer Orientierungsmuster ab, die das System auf geistiger Ebene zusammenhalten (vgl. Schein 2003). Die erworbenen Grundannahmen sind durch das soziale System (beispielsweise einer Gruppe, Unternehmung, Abteilung) erfunden, entdeckt oder (mit)entwickelt worden und haben sich in genügender Weise bewährt, um – bewusst oder unbewusst – als allgemeingültig weitergegeben zu werden.

Der aktive Erwerb von kulturellen Mustern erfolgt in Form von Selbstorganisationsprozessen, er ist also nicht „von außen" gesteuert und auch nicht von internen, isolierbaren Gruppen oder Individuen vorgegeben, sondern entsteht im Zuge eines reflexiven Entwicklungsprozesses. Damit geschieht der Mustererwerb zwangsläufig und ist nicht vermeidbar. Jedes soziale System verfügt also über Kultur, unabhängig davon ob dies dem System „bewusst" ist oder nicht.

Die Ordnungsmuster von sozialen Systemen entstehen aus dem interaktiven Zusammenspiel der einzelnen Teile (Gruppenmitglieder, Mitarbeiter). Aus den internen sowie externen Interaktionen entstehen Erfahrungen bzw. Bezugsmuster. Die Ordnungsmuster manifestieren sich dabei nicht nur in materiellen Faktoren, sondern auch in Form von Wahrnehmungen und Interpretationen.

Zusammenfassend besteht nach Klimecki und Probst (1990) die Kultur eines sozialen Systems aus den von der Mehrheit geteilten Wahrnehmungen und daraus resultierenden Handlungsweisen, also einem aktiven Tun. Tab. 3.1 zeigt eine Übersicht zum Verständnis von Kultur nach Klimecki und Probst (1990).

Rathje (2009) schlägt eine Erweiterung des traditionellen „Einbegriffs" der Kultur um die kollektive und die individuelle Perspektive vor (s. Abb. 3.1). Unter Kollektivität wird das „Formale und Strukturelle" menschlicher Gruppen verstanden (nach Hansen 2009). Das „Kulturelle" bezieht sich auf die „Gewohnheiten" („habits" nach Tylor 1871) von Menschen, die miteinander zu tun haben. Diesem Verständnis liegt der pragmatische Kultur-Begriff Wittgensteins zugrunde, der besagt, dass Kultur überall dort vorliegt, wo geteilte Lebenspraxis besteht.

Nach Rathjes Definition umfassen Gewohnheiten (also das „Kulturelle") kognitive Ressourcen bzw. Wissensvorräte genauso wie Verhaltensweisen. Gleichzeitig sind sie permanenter und dynamischer Veränderung unterworfen und können uneinheitlich und widersprüchlich sein.

In seinem Buch „System und Kultur – Warum sich Systemiker mit Kultur beschäftigen sollten" bezieht sich Levold (2013) auf den bereits mehrmals erwähnten Systemtheoretiker Luhmann, der Kultur als „historischen Begriff" (Luhmann 1995) versteht und als das

3.1 Der Kultur-Begriff

Tab. 3.1 Kulturdefinition nach Klimecki und Probst (1990)

Eigenschaften von Kultur	Manifestationen von Kultur	
• entsteht durch interne und externe Interaktionen • ist ein Resultat der Dynamik im Netzwerk • ist historisch gewachsen • ist ein kollektiver Lernprozess • ist ein tradiertes System – Sichtweise für das ganze System, Metakonzept zur Beschreibung, Erklärung und Gestaltung einer Ganzheit	Materielle Ebene	Symbolische Ebene
	Markt, Konkurrenz, Technologien, Politische Dokumente, Strategien, formelle Strukturen, Führungshilfsmittel (Stellenbeschrei-bungen, Qualifikationssysteme etc.)	Wertsysteme, Ereignisse, Erlebnisse, Erinnerungen, Empfindungen, Gefühle etc.

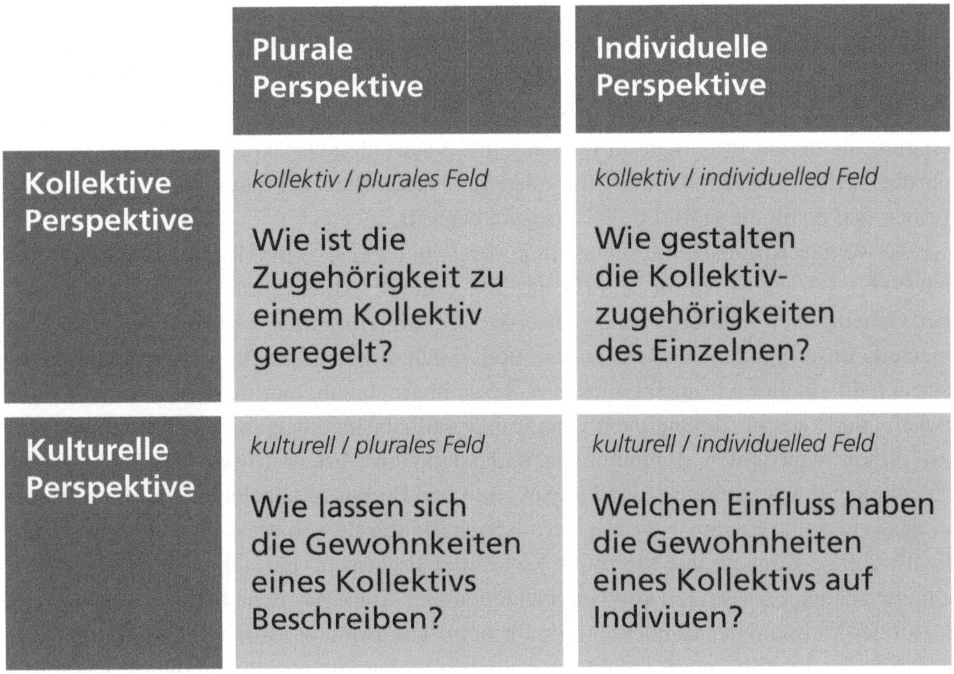

	Plurale Perspektive	**Individuelle Perspektive**
Kollektive Perspektive	*kollektiv / plurales Feld* Wie ist die Zugehörigkeit zu einem Kollektiv geregelt?	*kollektiv / individuelled Feld* Wie gestalten die Kollektivzugehörigkeiten des Einzelnen?
Kulturelle Perspektive	*kulturell / plurales Feld* Wie lassen sich die Gewohnkeiten eines Kollektivs Beschreiben?	*kulturell / individuelled Feld* Welchen Einfluss haben die Gewohnheiten eines Kollektivs auf Indiviuen?

Abb. 3.1 Kulturdimensionen nach Rathje (2009)

„Gedächtnis sozialer Systeme, vor allem des Gesellschaftssystems" definiert. Nach Luhmann bestehen soziale Systeme aus Kommunikationen (vgl. Kap. 2), mithin Ereignissen, und können Gewohnheiten, Traditionen und Strukturen ausbilden. Ohne Kultur, also das semantisches Gedächtnis, wäre dies nicht möglich, da sie der Kommunikation erlaubt, auf Vergangenes Bezug zu nehmen und für Wiederholungen und Variationen zu sorgen. Die strukturelle Kopplung zwischen psychischen und sozialen Systemen, zwischen Bewusstsein und Kommunikation, vollzieht sich durch Sprache.

Dieses Verständnis von Kultur unterliegt der sogenannten Logik der Trennung, insofern Luhmanns Theorie des Sozialen auf einer begrifflichen Separierung von sozialen, psychischen, organischen und mechanischen Systemen basiert. Somit wird das Soziale außerhalb der Körper, des Bewusstseins und der Artefakte situiert.

Demgegenüber folgt die praxeologische Kulturtheorie eine Logik der Grenzüberschreitung, indem das Soziale und die Kultur in den Bewusstseinen, Körpern und Artefakten verortet werden. Somit erfolgt eine Grenzüberschreitung zwischen dem Kulturell-Symbolischen und den scheinbar asozialen Sphären des Körpers, der Psyche und der Materialität. (vgl. Reckwitz 2004)

In der Actor-Network-Theory (Latour 2010) wiederum wird der Verbindung zwischen Entitäten selbst ein sozialer Charakter zugewiesen, statt das Soziale in den Elementen zu suchen, die miteinander verbunden werden, also z. B. Kommunikation (oder Handlungen). Netzwerke bestehen hier nicht aus Kommunikationen, auch nicht aus Akteuren allein, sondern ebenso aus materiellen Objekten und Artefakten. Das Soziale wird nicht als etwas Humanspezifisches verstanden, sondern ist darin zu finden, dass sich Dinge und Menschen miteinander zu Konstellationen mit einem eigenen Sinnhorizont verbinden.

Diese Vorstellung passt zu einem Konzept von Kultur, das auch nichtdiskursive Praktiken einschließt und Praktiken im Umgang mit materiellen Objekten ebenso wie „Praktiken des Selbst" (Foucault), etwa die einsame Praxis ohne Kommunikation, als soziale Formen und damit als kulturelle Phänomene begreift.

Eine weitere Kultur-Definition stammt von Falicov (1995, in: Hegemann und Oestereich 2009). Für sie ist Kultur „ein für uns alle geltender Hintergrund von etablierten und über Generationen überlieferten *Sichtweisen, Werten, Ansichten und Haltungen*, welche einerseits unser ganzes Denken, Fühlen und Handeln beeinflussen, die wir andererseits aber in individueller wie auch kollektiver Weise übernehmen, modifizieren und weiterentwickeln, und zwar in Abhängigkeit von unserer Teilhabe an unterschiedlichen Kontexten". Aus diesen Weltsichten, Bedeutungen und adaptiven Verhaltensweisen werden unterschiedliche Sinnelemente für Handlungsweisen und Praktiken abgeleitet. Dies hat zur Folge, dass ein Synkretismus bzw. die Vermischung kultureller Einflüsse entsteht, was auch als „Bricolage-Konzept der Mischung kultureller Praktiken" bezeichnet wird und durch sich überschneidende Zonen von Unterschieden und Ähnlichkeiten charakterisiert ist.

Auf der Webseite der Bundeszentrale für politische Bildung resümiert Nünning (2009), dass trotz der Vielfalt unterschiedlicher Entwürfe in den letzten Jahren eine fachübergreifende Präferenz für einen bedeutungs- und wissensorientierten Kultur-Begriff erkennbar wurde, der semiotisch und konstruktivistisch geprägt ist. Demzufolge wird Kultur aufgefasst als „der von Menschen erzeugte Gesamtkomplex von Vorstellungen, Denkformen, Empfindungsweisen, Werten und Bedeutungen […], der sich in Symbolsystemen materialisiert". Damit zählen nicht nur materiale (z. B. künstlerische) Ausdrucksformen zum Bereich der Kultur, sondern auch soziale Institutionen und mentalen Dispositionen, die

Hervorbringung solcher Artefakte überhaupt erst ermöglichen. Ein solcher semiotischer Kultur-Begriff trägt somit der Einsicht Rechnung, dass Kultur nicht nur eine materiale Seite, die „Kulturgüter" einer Nation, hat, sondern auch eine soziale und mentale Dimension.

Kruse (2004) definiert Kultur als „die Summe aller Regeln, Werte und Absprachen, denen Menschen bewusst oder unbewusst folgen, um einen Lebensraum zu gestalten, in dem geordnetes gemeinsames Handeln möglich ist". Weiter bezeichnet er Kultur als den Gesamtzusammenhang von Theorie und Praxis in einer sozialen Gruppe. Somit kann Kultur zugleich als Produkt und Ursache menschlichen Denkens und Handelns angesehen werden. Einerseits ist Kultur das mit der Zeit entstandene Ergebnis der Summe aller Aktivitäten in einer Gemeinschaft und andererseits der selbstverständliche Rahmen, der den Aktivitäten der einzelnen Akteure eine einheitliche Richtung gibt.

In erster Linie hat Kultur die Funktion, Individuen zu stabilisieren und zu bewahren. Kruse erklärt, dass Kulturbildung Wissensmanagement und zugleich gezielte Umweltbeeinflussung bedeutet. Während unser Gehirn aufgrund seiner außergewöhnlichen Vernetzungsdichte prinzipiell eine hohe Fähigkeit zur Erzeugung überraschender neuer Muster besitzt, ist Kultur notwendigerweise eher Muster bewahrend.

3.2 Unternehmenskultur

Schein gehört zu den wohl anerkanntesten Experten im Bereich Organisationskultur. Sein Kulturverständnis überschneidet sich größtenteils mit den bereits erwähnten Definitionen, auch er bezeichnet Kultur als „Muster interagierender Elemente" (Schein 2003, S. 13). Basierend auf seiner Erfahrung („klinischen Forschung") mit und in Organisationen veranschaulicht er die grundlegende Bedeutung der Kultur für Unternehmen. In seinem Ansatz wird besonders die Existenz einer tiefen, unsichtbaren und unbewussten Ebene zusätzlich zur sichtbaren und meist bewussten Ebene von Unternehmenskultur betont, wie Abb. 3.2 zeigt.

Kritik übt Schein an den vereinfachten Vorstellungen von Unternehmenskultur, die von Managern und Mitarbeitern oft als „unsere Art zu arbeiten", „die Riten und Rituale in unserem Unternehmen", „Unternehmensklima", „Grundwerte" etc. beschrieben werden. Dies seien lediglich Manifestationen von Kultur, dürften jedoch nicht mit der Kultur an sich verwechselt werden. Stattdessen müsse man sich klar machen, dass Kultur aus mehreren Ebenen bestehe und dass es vor allem auf die Aufdeckung und Steuerung der tieferen Ebenen ankomme.

Die Ebene der Artefakte ist die augenfälligste Ebene der Kultur, da man sie sehen, hören und spüren kann. Ein Unternehmen, das weder (geschlossene) Türen noch Wände hat, in dem viele Meetings stattfinden, die Mitarbeiter informell gekleidet sind und die Atmosphäre dicht und hektisch ist, mag andere Reaktionen auslösen als ein Unternehmen, in dem es sehr förmlich zugeht, die Türen verschlossen sind, die Kleidung korrekt, die Stimmen gedämpft und die Atmosphäre bedachtsam. Die Präferenzen hinsichtlich des einen oder anderen Unternehmens sind individuell verschieden, obgleich Rückschlüsse auf

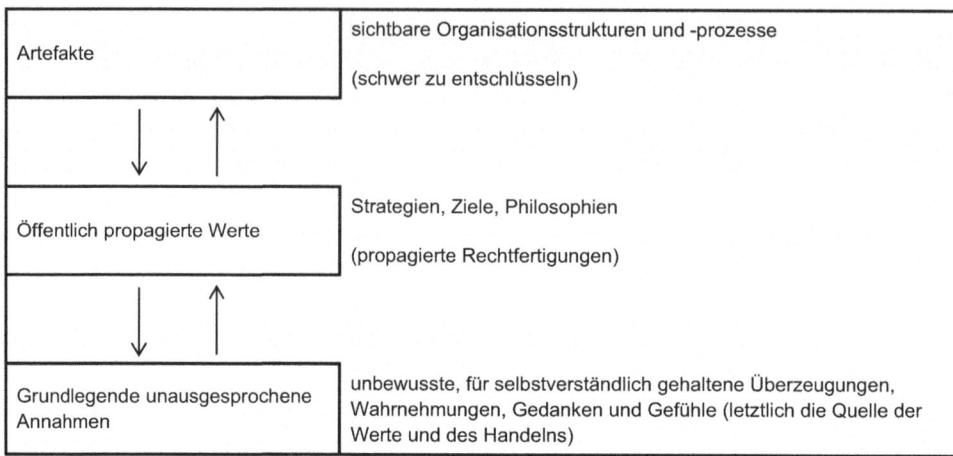

Abb. 3.2 Die drei Ebenen der Unternehmenskultur nach Schein (2003)

unterschiedliche Kulturen der beiden Unternehmen auf Basis dieser Wahrnehmungen sicher zu voreilig wären. Denn was man wahrnimmt, ist lediglich, dass sich die beiden Unternehmen auf ihre eigene Art präsentieren und die Mitarbeiter bestimmte Umgangsformen haben. Welche Bedeutung dies hat, also worauf sich das jeweilige Mitarbeiterverhalten gründet und warum die beiden Unternehmen so aufgebaut sind, kann durch Beobachtung allein nicht entschlüsselt werden. Hierfür ist die Befragung von „Insidern" zu den beobachteten und wahrgenommenen Gegebenheiten nötig.

Vertieft man seinen Eindruck über die Beobachtungen der Artefakte und Verhaltensmuster hinaus, gelangt man zu den Werten der Unternehmen. Durch Warum-Fragen, wie beispielsweise „Warum wird so gearbeitet?", „Warum ist der Bürobereich offen bzw. geschlossen?", an Insider bzw. „Informanten", wie sie von Ethnologen bezeichnet werden, erfährt man zunächst meist die „öffentlich vertretenen Werte" des Unternehmens, die zum Beispiel in einem Leitbild-Dokument o. ä. verankert sein können. Kundenorientierung, Teamarbeit, Produktqualität, Integrität etc. könnten solche Werte sein, die sich durchaus in den Nennungen beider exemplarischer Unternehmen finden könnten. Schein warnt an dieser Stelle nochmals vor einer voreiligen Typologisierung der Unternehmen in „Befehl und Kontrolle-Unternehmen", „flache Hierarchie-Unternehmen" o. ä. Dieser Versuchung nach Etikettierung sollte keinesfalls nachgegeben werden, da man die tiefere Ebene der Kultur noch nicht kennt. Es ist zum Beispiel möglich, dass sich bei längerem Aufenthalt in einem Unternehmen herauskristallisiert, dass es zwischen propagierten Werten und sichtbarem Verhalten durchaus Widersprüche gibt. Beispielsweise kann ein Unternehmen Teamarbeit propagieren und dennoch ein individualistisches Belohnungs- und Anreizsystem haben oder Kundenorientierung befürworten, obwohl die Mitarbeiter nicht besonders höflich oder dienstleistungsorientiert wirken. Solche „Widersprüche zeigen, dass das offene Verhalten von einer tieferen Denk- und Wahrnehmungsebene gesteuert wird", so Schein (2003, S. 34). Wenn man die Kultur eines Unternehmens verstehen will, so müssen insbesondere die tieferen Ebenen entschlüsselt werden.

3.2 Unternehmenskultur

Grundlegend für ein Verständnis dieser tieferen Ebenen ist eine historische Betrachtung des Unternehmens. Maßgeblich dabei sind die Werte, Überzeugungen und Annahmen jener Gründer und einflussreichen Führungskräfte, die das Unternehmen zum Erfolg gebracht haben. Da Unternehmen von Einzelnen oder kleinen Gruppen gegründet werden, die ihren Mitarbeitern ihre Überzeugungen, Werte und Annahmen zunächst auferlegen, ist eine solche Betrachtung ausschlaggebend. Wenn beispielsweise der Gründer eines Unternehmens der Überzeugung ist, man müsse alles ausdiskutieren und Entscheidungen einvernehmlich treffen, und gleichzeitig eine erfolgreiche Produktgruppe entwickelt hat, wird er Mitarbeiter anziehen, die sich dieser Überzeugung anschließen. Je mehr erfolgreiche Produkte und Dienstleistungen er entwickelt, desto schneller werden diese Werte „allgemein und selbstverständlich". Sie werden zu unausgesprochenen und unbewussten Annahmen über die Welt und das Zustandekommen von Erfolg und nach und nach zur „Essenz der Unternehmenskultur" (Schein 2003, S. 35). Bedeutsam ist der gemeinsame Lernprozess, der dieser Essenz der Unternehmenskultur zugrunde liegt. Während die o. g. Annahmen ursprünglich auf die Gründer und Führungskräfte beschränkt waren, wurden sie erst übernommen und selbstverständlich, als die Mitarbeiter „gelernt" hatten, dass diese Werte und Überzeugungen verantwortlich für den Erfolg des Unternehmens und deshalb „richtig" waren.

Dieses Verständnis von Kultur birgt zwei tief greifende Implikationen in sich:

(1) Da Kultur das angesammelte Wissen einer Gruppe repräsentiert (genauer, die Überzeugungen, Empfindungen und Wahrnehmungen, die die Gruppe zum Erfolg geführt haben), ist sie stabil und schwer zu verändern.
(2) Die wichtigsten Bestandteile der Kultur sind im Wesentlichen schwer erfassbar. Die tiefere Ebene von Kultur lässt sich als mentales Modell beschreiben, das die Mitarbeiter eines Unternehmens gemeinsam vertreten und für selbstverständlich halten. „Im Grunde können sie ihre Kultur nicht beschreiben, so wie auch ein Fisch, wenn er sprechen könnte, nicht in der Lage wäre zu erklären, was Wasser ist." (Schein 2003, S. 36)

Grundsätzlich gilt, dass es keine richtige oder falsche, gute oder schlechte Unternehmenskultur gibt, es sei denn, man bewertet sie hinsichtlich der Unternehmensziele und den Möglichkeiten und Grenzen des Umfelds. Insofern sind normative Richtlinien, wie man sie häufig der Populärliteratur findet, wie beispielsweise eine stärkere Teamorientierung, Ermächtigung von Mitarbeitern und der Aufbau einer lernenden Organisation solange nicht stichhaltig, bis man nachweisen kann, dass die Grundannahmen, auf denen diese „neuen" Werte basieren, dem Umfeld, in dem das Unternehmen agieren muss, angepasst sind. In manchen Märkten und Branchen sind Teamarbeit und eine stärkere Demokratisierung durch die Ermächtigung der Mitarbeiter essenziell und der einzige Weg zum Erfolg, in anderen Märkten oder Technologien sind dagegen Disziplin und strukturierte Beziehungen zielführender.

Der wirkliche Motor der Kultur, ihr Wesen, besteht nach Schein aus den gemeinsamen, unausgesprochenen Annahmen, auf die sich das alltägliche Verhalten stützt, was zu einer „Bei uns machen wir das eben so"-Haltung führt. Jedoch können die Mitarbeiter des

Unternehmens selbst die Annahmen nicht rekonstruieren, die für ihr alltägliches Verhalten verantwortlich sind. Sie wissen nur, dass ihr Verhalten „richtig" ist, und darauf verlassen sie sich. Erst wenn man sich die zugrunde liegenden Annahmen bewusst macht, kann nachvollzogen werden, wie beobachtbare Verhaltensartefakte entstehen. Die Umkehrung ist jedoch sehr schwierig: Aus der Beobachtung von Verhaltensweisen kann nicht auf die zugrunde liegenden Annahmen geschlossen werden. Hierfür bedarf es eines Prozesses, der, basierend auf systematischen Tiefengesprächen mit Insidern, die kulturellen Kraftfelder misst (vgl. Kap. 5), um die unausgesprochenen Annahmen explizit zu machen und die Kultur wirklich zu verstehen.

Tab. 3.2 zeigt eine zusammenfassende Übersicht der grundlegenden Facetten des Kulturmodells nach Schein. Seiner Meinung nach liegen die größten Gefahren bei der Arbeit an Unternehmenskultur in der Vereinfachung und Nichtberücksichtigung dieser Facetten. Bei Kultur handelt es sich um ein komplexes Phänomen und es gilt, sie auf allen Ebenen zu analysieren.

Doppler und Lauterburg, weitere Experten im Bereich Change Management, definieren Kultur als die „Gesamtheit aller Normen und Werte, die den Geist und die Persönlichkeit des Unternehmens ausmachen" (Doppler und Lauterburg 1996, S. 390). Sie erklären weiter, dass Normen und Werte Steuerungsgrößen sind und das Verhalten der Menschen kanalisieren. Das Ziel sei letztlich die Reduktion von Komplexität. Menschliche Gemeinschaften sind ohne diese Normen und Werte, die Orientierung nach innen und Zusammenhalt nach außen gewährleisten, nicht funktionsfähig. Die „Spielregeln", wie Doppler und Lauterburg diese Normen und Werte bezeichnen, helfen dem Einzelnen nicht nur, sich an seine Umwelt anzupassen und einigermaßen konfliktfrei zu leben, sondern geben ihm

Tab. 3.2 Grundlegende Facetten der Kultur nach Schein (2003)

Kultur ist tief.	Es ist nicht ausreichend, lediglich die Oberfläche zu betrachten und unmöglich, diese zu manipulieren und zu verändern. Die Kultur ist stärker als die einzelnen Mitarbeiter, sie verleiht ihrem Alltag Bedeutung und Berechenbarkeit. Die Mitarbeiter lernen, was funktioniert, und entwickeln Überzeugungen und Annahmen, die allmählich ins Unbewusstsein übergehen und unausgesprochen steuern, wie man handelt, nachdenkt und wahrnimmt.
Kultur ist breit.	Eine Gruppe, die lernt, in ihrem Umfeld zu überleben, lernt etwas über alle Aspekte ihrer äußeren und inneren Beziehungen. Überzeugungen und Annahmen entstehen im Alltag, beispielsweise wie man mit dem Chef umgeht, wie mit Kunden, welche Karrieremöglichkeiten es gibt, was man braucht, um vorwärts zu kommen etc. Die Entschlüsselung der Kultur kann also zu einem unendlichen Prozess werden, deshalb hilft es, die Unternehmenskultur unter einem spezifischen Aspekt oder aus einem bestimmten Grund verstehen zu wollen.
Kultur ist stabil.	Die Mitglieder einer Gruppe wollen an ihren kulturellen Annahmen festhalten, da Kultur Sinn stiftet und das Leben berechenbar macht. Menschen mögen keine chaotischen, instabilen Situationen und bemühen sich um Stabilität. Deswegen löst jeder anstehende Wandel in der Kultur große Ängste und Widerstände aus. Wenn bestimmte Elemente der Kultur verändert werden sollen, muss klar sein, dass es sich dabei um die stabilsten Teile des Unternehmens handelt.

auch Orientierung bezüglich des Verhaltens der anderen, indem sie ihm zeigen, was er von seinen Mitmenschen erwarten darf und was nicht. So wird das soziale Umfeld durch Kultur für den einzelnen verstehbar, durchschaubar und berechenbar.

Doppler und Lauterburg sehen einen Grund für die zunehmende Bedeutung der Unternehmenskultur in der sich wandelnden Führungskultur von Unternehmen. Während in den früheren, klassisch-hierarchischen und arbeitsteiligen Organisationen die Menschen direktiv durch die unmittelbare Führungsautorität der Vorgesetzten gesteuert wurden, verfügen die Mitarbeiter aller Stufen in den heutigen netzwerkartigen Organisationen und in Zeiten dezentraler Selbstorganisation, über einen großen Handlungsspielraum. In dieser Situation ist es nicht mehr die äußere Struktur, die Sicherheit und Orientierung geben kann. Stattdessen übernehmen „transparente und stabile Normen und Werte" die entscheidende Ordnungsfunktion, geben der Gemeinschaft eine Identität und schaffen den Rahmen, innerhalb dessen Individuen und Gruppen sich weitgehend selbstständig organisieren können, ohne die gemeinsame Zielrichtung aus den Augen zu verlieren.

Insofern gibt es letztlich keine effizientere Steuerung und keinen wichtigeren Erfolgsfaktor als eine ausgeprägte und vor allem in sich stimmige Unternehmenskultur. Diese ist jedoch, wie dargelegt, nur schwer fassbar, nie in vollem Umfang objektivierbar und Ergebnis eines komplexen und langjährigen sozialen Geschehens. Sie drückt sich nicht in harten Fakten und Zahlen aus, die gemessen oder berechnet werden könnten, sondern durch emotionale Qualitäten, die nur erlebt werden können. In Tab. 3.3 sind die Ausdrucksformen von Unternehmenskultur vereinfacht dargestellt.

Ähnlich wie Schein betonen Doppler und Lauterburg, dass die Gesetze und Spielregeln, die das soziale Geschehen im Innern steuern, als „Charaktereigenschaften" (auf Scheins Ebene der Artefakte) erkennbar werden. Jedoch kann der Einzelne die Kultur seines Unternehmens oft erst reflektieren, wenn er auf externen Veranstaltungen mit Kollegen aus anderen Unternehmen zusammentrifft und Vergleiche zieht.

Tab. 3.3 Ausdrucksformen der Unternehmenskultur nach Doppler und Lauterburg (1996)

Kommunikation	Was wird schriftlich, was mündlich kommuniziert? Worüber wird überhaupt gesprochen und geschrieben? Welcher Sprachstil wird gewählt? Was wird nicht angesprochen, was wird tabuisiert?
Verhalten	Wie verhalten sich die Führungskräfte? Wie kommen Entscheidungen zustande? Welche Verhaltensweisen werden belohnt, welche Menschen werden gefördert? Wie wird im Unternehmen kommuniziert und kooperiert? Wie geht man miteinander um?
Strukturen	Was für Gebäude, Anlagen und Formen der Raumgestaltung beherrschen die Szene? Was für Organisationsformen und Regelungen werden bevorzugt? Welches Führungsinstrumentarium gibt es und wie wird es benutzt?
Soziale Ereignisse	Was gibt es – neben der täglichen Arbeit – für Veranstaltungen und Rituale? Wer kommt mit wem bei welchen Gelegenheiten zusammen? Wie laufen Veranstaltungen in größeren Kreisen ab, welchen Erfahrungswert haben sie?

Doppler und Lauterburg (1996) unterscheiden die Faktoren, die die Kultur eines Unternehmens prägen und die Ausbildung von Werten und Normen beeinflussen, in fundamentale und unternehmensspezifische Faktoren. Die fundamentalen Faktoren eines Unternehmens sind nur bedingt beeinflussbar und von der Branche abhängig, während die vielen unternehmensspezifischen Faktoren auch innerhalb der gleichen Branche von Unternehmen zu Unternehmen völlig unterschiedliche Voraussetzungen für die Entwicklung des sozialen Zusammenlebens im Innern schaffen können.

Zu den **fundamentalen Faktoren der Unternehmenskultur** werden gezählt:

- Produkte, Dienstleistungen
- Kunden
- Produktionsmittel
- Personalstruktur
- Größe des Unternehmens
- Nationalität
- Geografische Lage
- Eigentumsstruktur
- Alter und Geschichte des Unternehmens

Die **unternehmensspezifischen Faktoren der Unternehmenskultur** beinhalten:

- Verhalten des Managements
- Organisationsphilosophie und -struktur
- Führungsinstrumentarium
- Unternehmensziele und -leitbild
- Strategie
- Führungsgrundsätze
- Personalpolitik
- Arbeitsplatzgestaltung
- Belohnungs- und Sanktionsprinzipien
- Regelkommunikation
- Informationspolitik und -medien
- Regelungsdichte
- Architektur und Raumgestaltung
- Corporate Design
- Gestaltung sozialer Ereignisse

Die unternehmensspezifischen Faktoren sind im Gegensatz zu den fundamentalen Faktoren weitestgehend beeinflussbar. Auch Doppler und Lauterburg heben wie Schein hervor, dass es keine eine oder einzig richtige Unternehmenskultur gibt, und weisen gleichzeitig auf das Problem hin, dass oftmals auch partiell deutlich widersprüchliche Normen und Werte wirksam werden. In diesen Fällen wird Komplexität nicht reduziert, sondern erhöht, und es fehlt an Orientierung.

3.3 Kultur des Wandels

Welche Implikationen haben die Erkenntnisse über Kultur für Unternehmen in Zeiten des Wandels? Wie schafft ein System es, seine stabilen kulturellen Muster aufzubrechen? Und welche konkreten Maßnahmen gibt es, Instabilität zu erzeugen? Durch welche Rahmenbedingungen, Interventionen und Organisationsformen kann die systemeigene Tendenz zur Stabilität verringert oder vorübergehend außer Kraft gesetzt werden?

Die offen formulierten und verdeckten Regeln einer Unternehmenskultur stabilisieren wie ein soziales Gedächtnis die Wirklichkeit und begrenzen dadurch das prinzipiell mögliche Veränderungspotenzial eines Unternehmens, solange sie nicht in Frage gestellt werden. Kruse (2004) spricht von sogenannten „Sub-Sinnwelten", die zu einem Regelwerk führen, das zumeist unbewusst ist. Beispielsweise definiert sich eine Führungskraft nicht durch den ständigen Nachweis ihrer persönlichen Eignung, vielmehr entsteht Hierarchie fast ausschließlich durch Rituale. So ist es gut möglich, dass es zu heftigen Reaktionen im Unternehmen kommt, wenn ein Mitarbeiter auf dem Parkplatz der Geschäftsleitung parkt, weil es eben um viel mehr geht als um die Frage, wer den kürzesten Weg zum Arbeitsplatz beanspruchen kann. Oder es kann separate Kantinen geben, in denen nur die Unternehmensspitze essen geht. Kruse berichtet außerdem von einem großen deutschen Chemie- und Pharmakonzern, in dem die Mitarbeiter den Vorstandsfahrstuhl konsequent als „Bonzenheber" bezeichnen.

Wie kann solch ein Unternehmen, in dem noch immer die Muster klassisch-hierarchischen Verhaltens stabilisiert werden, neue kooperative Arbeitsformen oder einen partizipativen Führungsstil einführen? Grundlegend Neues hat in einer Kultur erst dann eine Chance, wenn auch verdeckte Regeln bewusst gemacht, gezielt irritiert und durch andere Regelwerke ersetzt werden.

Wenn zwei verschiedene Welten mit gegensätzlichen Wertvorstellungen aufeinandertreffen und es nicht gelingt, die Unterschiede aufzudecken und transparent zu machen, führt es immer wieder zu nahezu unvermeidbaren Konflikten. Selbstverständlich arbeitet der international und kurzfristig agierende Investment-Banker nach völlig anderen Regeln als der regional und langfristig orientierte Firmenkundenbetreuer; der profitorientierte Verleger steht im Widerspruch zu der dem Ideal eines qualitativen und unabhängigen Journalismus verpflichteten Redaktion; die unternehmerische Entscheidungsfreude kann durch das auf Qualitätssicherung ausgerichtete Leitbild einer produktionsorientierten Kultur nachhaltig beeinträchtigt werden, etc. Diese immense, zumeist unbemerkte Kraft von Regelwerken ist besonders für die Zusammenarbeit in und zwischen Unternehmen relevant und verdeutlicht, warum Firmenfusionen häufig scheitern, weil kulturelle Gegensätze innerhalb und zwischen den Unternehmen ignoriert werden.

„Selbst wenn es gelingen würde, die Veränderungsbereitschaft aller in einem Unternehmen beteiligten Menschen zu gewinnen, steht und fällt der Erfolg einer Veränderung mit der Kompatibilität der kulturtragenden Regeln", so Kruse (2004). Veränderung ist dann unwahrscheinlich, wenn die Regeln der bestehenden betrieblichen Alltagswelt im Widerspruch zu den Anforderungen der angestrebten Wirklichkeit stehen. Eine externe Beratung hat hier eine wichtige Funktion, da die Innenperspektive zur Identifizierung verdeckter Regelwerke meist nicht ausreicht. Außenstehende jedoch können sehr wohl erkennen, was niemand im System mehr wahrnimmt. Kultur könnte also auch als „Summe des Selbstverständlichen" angesehen werden.

Als eine Art Anleitung *gegen* Veränderung führt Kruse „zehn goldene Stabilitätsregeln" an, die sicherstellen, dass im Unternehmen alles beim Alten bleibt und keine unkalkulierbaren Veränderungen entstehen (2004):

(1) Formulieren Sie eine Firmenvision und ein Leitbild und geben Sie anschließend den besten Marketingexperten den Auftrag, beides möglichst professionell ins Unternehmen zu kommunizieren.

(2) Sorgen Sie für höchste Vertraulichkeit bei der Diskussion von Neuerungen und heizen Sie mit aller Kraft die Gerüchteküche an, indem Sie wesentliche Entscheidungen ganz nebenbei erzählen.

(3) Stellen Sie sicher, dass Sie in Ihrem Unternehmen normalerweise alles im Griff haben, und geben Sie Ihren Mitarbeitern dann manchmal völlige Freiheit bei zentralen Projektaufgaben.

(4) Halten Sie Ihre Mannschaft auf Trab, indem Sie konsequent möglichst viele Aktivitäten gleichzeitig starten und immer wieder kompromisslos auf deren schnelle Bearbeitung drängen.

(5) Regen Sie internen Wettbewerb an und machen Sie Ihren Mitarbeitern unmissverständlich klar, dass bei Ihnen nur durchsetzungsstarke Gewinnertypen eine Chance haben.

(6) Wenn in Ihrem Unternehmen Probleme auftauchen, ändern Sie nichts ohne eine vertiefte Analyse, sondern suchen Sie möglichst ausdauernd und unnachgiebig nach den wirklich Schuldigen.

(7) Diskutieren Sie so gut wie nie öffentlich über den Sinn und Unsinn bestehender Regeln, sondern handeln Sie so, dass sich niemand gestört fühlt und alles offenkundig den gewohnten Weg geht.

(8) Ändern Sie keinesfalls die Zusammensetzung von seit langem erfolgreichen Teams und setzen Sie Mitarbeiter nur für Tätigkeiten ein, die diese mit Sicherheit bereits gut beherrschen.

(9) Führen Sie in Entscheidungsgremien möglichst schnell ein umfassendes Commitment herbei und diskutieren Sie dann anschließend alles noch einmal intensiv im kleinen Kreis.

(10) Sorgen Sie dafür, dass stets mehr Beschlüsse gefasst werden, als selbst bei maximaler Kraftanstrengung aller Beteiligten im vorgesehenen Zeitrahmen umgesetzt werden können.

Offene und verdeckte Regeln in Form von Ritualen, Symbolen und Rollenzuschreibungen erzeugen eigendynamische Kulturmuster und erhalten die bestehende Ordnung in der Gesellschaft wie auch im Unternehmen. Eine Kultur des Wandels benötigt nicht weniger Regeln, jedoch sehr wohl eine höhere Bewusstheit im Umgang mit ihnen.

Wie bereits deutlich wurde, ist Veränderung gebunden an Instabilität. Nur in der Instabilität werden Systeme innovativ und suchen nach neuen Ordnungszuständen. Daher ist die strategische Gestaltung von Instabilität ein wesentlicher Baustein in einer Kultur des Wandels und in der Systemkompetenz von Führung, auch wenn der Zustand der Instabilität intuitiv wenig attraktiv ist. Systeme verhalten sich nämlich unvorhersehbar und zunächst reduziert sich bei Instabilität die Leistungsfähigkeit. Beim gezielten Erzeugen von Instabilität wird somit bewusst ein Risiko eingegangen mit dem Ziel, das kreative Potenzial in Veränderungssituationen zu erhöhen.

Bezüglich der Rahmenbedingungen gilt es, die persönliche Toleranz gegenüber Instabilität und die Veränderungsbereitschaft bei den beteiligten Mitarbeitern und Führungskräften zu erhöhen. Dies wird begünstigt durch ein generelles Verständnis hinsichtlich der Dynamik von Veränderungsprozessen und der Vermittlung einer resonanzfähigen Vision.

Auch Faszination ist von höchstem Wert für Veränderungsprozesse. Denn bei großer Faszination für eine Sache tritt Neugier an die Stelle von Angst. Was jedoch fasziniert Menschen? Eine Vision? Dieser Begriff wird im Management häufig missverstanden. Denn eine Vision (Spätmittelhochdeutsch: „Traumgesicht") ist kein Ziel oder ein fassbarer Sollwert. Ein Unternehmen hat dann eine echte Vision, wenn eine hinreichende Anzahl von Führungskräften einen Traum miteinander teilt und damit eine emotionale Grundlage hat, die Sicherheit gibt. Dabei erfolgt die Entwicklung und Darstellung der Unternehmensvision immer als ein *Top-down*-Prozess. Der Erfolg eines Veränderungsprozesses wird nur dann sichergestellt, wenn die Führungskräfte als Kulturträger des Unternehmens hinter ihrer Vision stehen. Kruse zeigt auf, dass sich bezüglich einer Beurteilung nach Leistung und Identifikation mit der Vision vier Gruppen von Führungskräften feststellen lassen, für die sich in einem Veränderungsprozess unterschiedliche Konsequenzen ergeben (s. Tab. 3.4).

Bei Führungskräften mit eher schwacher Leistung und fehlender Identifikation mit der Vision, gilt es demnach Überzeugungsarbeit zu leisten. Führungskräfte, die zwar eher schwache Leistungen erbringen, aber bereits hinter der Vision stehen, sollten gezielt in ihrer Leistungsfähigkeit gefördert werden. Das Rückgrat der Veränderung bildet die Gruppe der Führungskräfte, die eine gute Leistung bieten und sich umfänglich mit der Vision identifizieren. Diese Gruppe sollte belohnt und gewürdigt werden. Die problematische Gruppe besteht aus jenen Führungskräften, die zwar starke Leistungen erbringen, die Vision des Veränderungsprozesses jedoch nicht teilen. Nach Kruse sind Leistungsträger, die eine Vision nicht teilen, keine Querdenker, sondern Quertreiber, und zerstören die Glaubwürdigkeit der Veränderung. Deshalb bleibt für diese Gruppe in manchen Fällen nur die

Tab. 3.4 Konsequenzen für Führung in der Veränderung nach Kruse (2004)

		Resonanz mit Vision	
		niedrig	hoch
Leistung	niedrig	überzeugen	fördern
	hoch	entlassen	belohnen

Entlassung, es sei denn, die unternommenen Überzeugungsanstrengungen haben dazu geführt, dass sich die Führungskräfte dieser Gruppe doch noch wahrhaftig für die Vision begeistern können. Dabei ist es leichter, einen Anfänger von etwas Neuem zu überzeugen als einen Experten, da Letzterer eher an den stabilen Mustern festhalten wird, die sich als erfolgreich erwiesen haben.

Eine überzeugende Vermittlung einer gemeinsam getragenen Vision ist folglich grundlegend für Veränderung und immer eine sehr persönliche Führungsaufgabe. Angesichts des Einbruchs der Leistungsfähigkeit, der zumeist mit dem Beginn eines Prozessmusterwechsels einhergeht, ist die emotionale Basis einer glaubwürdig gelebten Vision unentbehrlich.

Um Instabilität gezielt zu erzeugen, ist die am einfachsten realisierbare Intervention das Brechen bestehender Regeln. Da Regeln für das Gedächtnis einer Kultur stehen, führt jeder Regelbruch zu einem unmittelbaren Eingriff in die Stabilität des betreffenden sozialen Systems. Dabei ist es unbedeutend, ob die Regelbrüche spektakulär inszeniert oder beiläufig im alltäglichen Kontext geschehen – die Wirkung ist immer gleich. Erst durch die ausgelöste Instabilität sind Kursänderungen und neue Entwicklungswege möglich. Kruse (2004) nennt dazu ein Beispiel aus dem Film „Klub der toten Dichter", in dem ein Lehrer zu Beginn einer scheinbar langweiligen Unterrichtsstunde über Poesie die Klasse auffordert, die akademische Einleitung aus einem Gedichtband zu reißen, und somit die Stunde zu einer beeindruckenden Entdeckungsreise in die Welt der Dichtkunst umgestaltet.

Auch durch einen Umzug in ein neues Bürogebäude kann Instabilität initiiert werden. Da ein Umzug die Trennung von lieb gewonnen Ritualen auslöst, wird ein Wohnungswechsel häufig intuitiv genutzt, um die eigene Anpassungsenergie zu steigern. Selbst wenn Regeln und Rituale, die für die eigentliche Absicht irrelevant sein mögen, gestört werden, kann dies einen Veränderungsprozess wesentlich unterstützen.

Generell sind den Möglichkeiten einer beabsichtigten Irritation keine Grenzen gesetzt. Beispielsweise kann eine neue Führungskraft diverse Alltagsrituale auf den Kopf stellen, wie auf einer *Kick-Off*-Veranstaltung den Mitarbeitern den Ablauf selbst überlassen, eine Teamentwicklung in einem Kloster mit einem Schweigegebot oder auf einem Segelschiff organisieren, wo den Teilnehmern völlig neue Rollen zugewiesen werden, oder aber auf einer festgefahrenen Abteilungssitzung die Rolle des Protokollanten übernehmen und die Teilnehmer in den Pausen versorgen etc. Ohne viel Aufwand können so Erfahrungen mit der Intervention des Regelbruchs gesammelt und überraschende und nachhaltige Wirkungen erzielt werden.

Kruse (2004) warnt jedoch vor einer manipulativen und inflationären Verwendung destabilisierender Interventionen und betont, dass deren Einsatz in Veränderungsprozessen nur auf der Basis einer gemeinsamen Absicht und abgestimmter Wertvorstellungen aller Beteiligten akzeptabel ist: „Interventionen zur gezielten Erzeugung von Instabilität können zu Vertrauensverlust führen. Sie benötigen daher einen ethisch verankerten und verantwortungsvollen Umgang." Es ist daher durchaus sinnvoll, die Interventionen an externe Berater zu delegieren, da bei ihnen die entstehende Irritation akzeptiert ist und das Vertrauensverhältnis innerhalb des Unternehmens nicht nachhaltig gestört wird.

Häufig werden auch Organisationsformen geändert und Strukturen und Arbeitsprinzipien eingeführt, die für das Vertrauensverhältnis im Unternehmen weitaus unproblematischer sind als die oben aufgeführten Interventionen. Allerdings führen diese Änderungen im Vergleich mit direkten Interventionen zur Erzeugung von Instabilität nicht so schnell zu der gewünschten Erhöhung der Eigendynamik im Unternehmen.

Auch spezielle Organisationsstrukturen und Arbeitsprinzipien, wie beispielsweise Kooperationen und bereichsübergreifende Rotationen, können langfristig die Eigendynamik und Veränderungsfähigkeit in Unternehmen erhöhen und sind grundsätzlich wie alle organisatorischen Maßnahmen zur Erhöhung der Vernetzungsdichte im Unternehmen ein positiver Beitrag zu einer Kultur des Wandels. Kruse (2004) führt hierbei Workshops mit Teilnehmern aus unterschiedlichen Hierarchiestufen, unternehmensweite Potenzialentwicklungsprogramme, an Kernkompetenzen orientierte *Best-practice*-Clubs und eine für alle zugängliche Intranet-Plattform als nachhaltig wirkungsvolle Beispiele auf.

Wie sich der Einzelne selbst hinsichtlich steigender Komplexität und Dynamik stärken kann und in Zeiten der Instabilität Stabilität findet, wird im folgenden Kapitel diskutiert.

Resümee

Der Begriff der Kultur hat zahlreiche Definitionsansätze hervorgerufen. Je nach Fachrichtung und Kontext weisen die Definitionen unterschiedliche Bedeutungsschwerpunkte auf. Bezogen auf ein System (z. B. ein Unternehmen) bezeichnet Kultur die meist unbewussten und unausgesprochenen Wertemuster, die zwischen den interagierenden Elementen wirken und grundlegend für menschliches Denken und Handeln sind. Das Leitbild eines Unternehmens kann nicht mit der Unternehmenskultur gleichgesetzt werden, sondern stellt (neben anderen sichtbaren Strukturen und Prozessen) lediglich eine Manifestation von Kultur dar. Durch die bewussten und unbewussten Regeln, die sich in Ritualen, Symbolen und Rollenzuschreibungen wiederfinden, entstehen eigendynamisch Kulturmuster, die die bestehende Ordnung in der Gesellschaft oder im Unternehmen erhalten. In Veränderungsprozessen bzw. einer Kultur des Wandels soll nicht die Anzahl der Regeln verringert werden, sondern eine Bewusstheit im Umgang mit den vorherrschenden Regeln geschaffen werden.

Kontroll- und Lernfragen

- Welchen Kultur-Begriff finden Sie am zutreffendsten? Begründen Sie.
- Welche unternehmenskulturellen Aspekte können ausschlaggebend sein für das Gelingen und Nicht-Gelingen eines Veränderungsprozesses?
- Warum empfinden Menschen Veränderungsprozesse eher als unangenehm?

Literatur

Doppler, K., & Lauterburg, C. (1996). *Change Management – Den Unternehmenswandel gestalten* (5. Aufl.). Frankfurt/Main/New York: Campus.

Falicov, C. J. (1995). Training to think culturally: A multidimensional comparative framework. *Family Process, 34*(4), 373–388.

Hansen, K. P. (2009). *Kultur und Kollektiv – Eine Einführung.* Passau: Stutz.

Hegemann, T., & Oestereich, C. (2009). *Einführung in die interkulturelle systemische Beratung und Therapie.* Heidelberg: Carl Auer.

Klimecki, R. G., & Probst, G. J. B. (1990). Entstehung und Entwicklung der Unternehmenskultur. In C. Lattman (Hrsg.), *Die Unternehmenskultur – Ihre Grundlagen und ihre Bedeutung für die Führung der Unternehmung* (S. 41–67). Heidelberg: Physica-Verlag.

Kruse, P. (2004). *next practice – Erfolgreiches Management von Instabilität.* Offenbach: GABAL.

Latour, B. (2010). *Eine neue Soziologie für eine neue Gesellschaft – Einführung in die Akteur-Netzwerk-Theorie.* Frankfurt a. M.: Suhrkamp.

Levold, T. (2013). System und Kultur – Warum sich Systemiker mit Kultur beschäftigen sollten. *Kontext, 44*(1), 6–21.

Luhmann, N. (1995). Kultur als historischer Begriff. In N. Luhmann (Hrsg.), *Gesellschaftsstruktur und Semantik: Studien zur Wissenssoziologie der modernen Gesellschaft* (Bd. 4, S. 31–54). Frankfurt a. M.: Suhrkamp.

Nünning, A. (2009). Vielfalt der Kulturbegriffe. http://www.bpb.de/gesellschaft/kultur/kulturelle-bildung/59917/kulturbegriffe

Rathje, S. (2009). Der Kulturbegriff – Ein anwendungsorientierter Vorschlag zur Generalüberholung. In A. Moosmüller (Hrsg.), *Konzepte kultureller Differenz – Münchener Beiträge zur interkulturellen Kommunikation* (S. 83–106). München: Waxmann.

Reckwitz, A. (2004). Die Logik der Grenzerhaltung und die Logik der Grenzüberschreitungen: Niklas Luhmann und die Kulturtheorien. In G. Burkart & G. Runkel (Hrsg.), *Luhmann und die Kulturtheorien* (S. 213–240). Frankfurt a. M.: Suhrkamp.

Schein, E. H. (2003). *Organisationskultur* (3. Aufl.). Bergisch Gladbach: EHP Organisation.

Tylor, E. B. (1871). *Primitive culture – Researches into the development of mythology, philosophy, religion, language, art and custom.* London: J. Murray.

Das Individuum im Spannungsfeld von Stabilität und Instabilität

4

Zusammenfassung

In Kap. 3 wurde bereits verdeutlicht, dass unser Gehirn stabilitätsorientiert ist und stets nach Ordnungsmustern sucht. Gerade in Zeiten von Instabilität suchen Menschen intuitiv nach bewahrenden Elementen, Stabilität und Sicherheit.

Gleichzeitig ist heute auf kaum einem Gebiet Kontinuität vorzufinden. Sowohl im Markt, in der Gesellschaft als auch in Unternehmen entwickeln sich immer komplexere Dynamiken, mit denen der Einzelne, ob Mitarbeiter oder Führungskraft, umgehen muss. Abb. 4.1 veranschaulicht das Spannungsfeld zwischen Markt, Gesellschaft und Unternehmen, in dem sich das Individuum befindet.

Wie es Individuen gelingen kann, die irritierenden Einflüsse und instabilen Situationen zu ertragen, ohne ihre eigene Stabilität zu verlieren, wird im Folgenden im Rahmen des Themas Resilienz umrissen.

Lernziele
Nach der Durcharbeitung dieses Kapitels sollten Sie

- die Fähigkeiten kennen, die im Zusammenhang mit Resilienz förderlich sind.
- ableiten können, warum Resilienz eine Schlüsselkompetenz für das Individuum bei der Bewältigung zukünftiger Herausforderungen ist (Abb. 4.1).

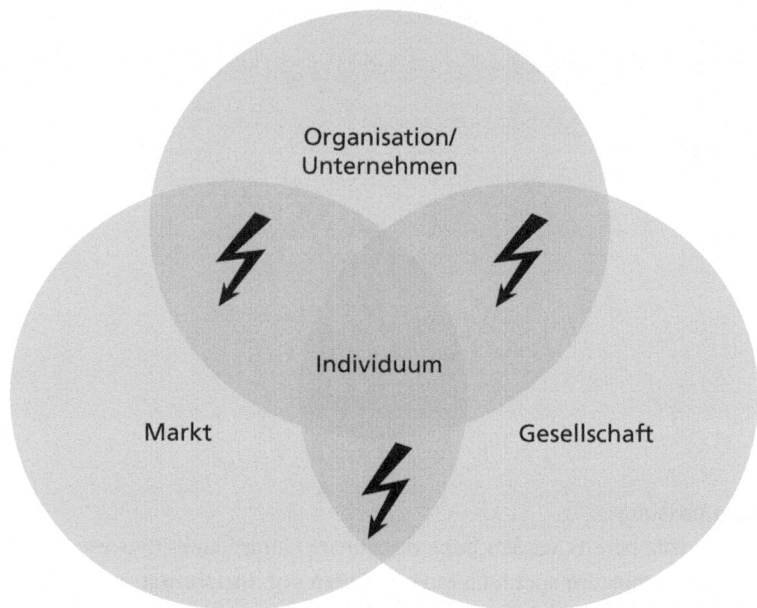

Abb. 4.1 Das Individuum im Spannungsfeld zwischen Markt, Gesellschaft und Unternehmen

4.1 Resilienz

Der Begriff Resilienz (lat. *resilire*: zurückspringen, abprallen) bezeichnet ursprünglich die Fähigkeit von Stoffen, nach einer Verformung in die alte Form zurückzukehren. Beispielsweise verformt sich ein Flummi, wenn er aufprallt, und kehrt als Kugel in die Hand des Werfers zurück; Wälder regenerieren sich nach einem Brand in der Regel relativ schnell. Mittlerweile wird der Begriff nicht nur in der Physik und Ökologie verwendet, sondern auch in der Psychologie und im Management. Übertragen auf den Menschen bzw. Systeme beschreibt Resilienz die Fähigkeit, erfolgreich mit belastenden Situationen (beispielsweise Druck, Stress, Misserfolgen, Unglücken, Notsituationen, traumatischen Erfahrungen, Risikosituationen etc.) umzugehen, denn manche Menschen blühen in Krisensituationen auf, während andere unter dem Stress kollabieren.

Bezogen auf soziale Systeme beschreibt Resilienz die Toleranz gegenüber von innen oder außen auftretenden Störungen (z. B. in Veränderungssituationen). Ein resilientes System kann, sowohl grundsätzlich als auch situativ, Irritationen ausgleichen und ertragen sowie gleichzeitig seine Integrität aufrechterhalten und sich auf neue Situationen einstellen. Ein resilientes System passt sich also an veränderte Bedingungen an, ohne seine grundsätzliche Stabilität zu verlieren.

Der Begriff Resilienz wird in der Psychologie als Synonym für die psychische Robustheit bzw. seelische Stärke und Widerstandsfähigkeit eines Menschen in belastenden Situationen verwendet. Die Grundlagen für das Verständnis der Widerstandsfähigkeit gegenüber Krisen gehen dabei auf zwei unterschiedliche Forschungsrichtungen zurück. Zum einen wurde untersucht, wie die Muster, mit denen Menschen die Welt erfassen, ihre Reaktion auf Stresssituationen prägen. Geleitet wurde dieses Forschungsprojekt von den amerikanischen Psychologen Beck und Ellis, letzterer gehörte zu den Wegbereitern kognitiver Verhaltenstherapien. Die zweite Forschungsrichtung untersuchte, was zwei verschiedene Personengruppen, die intensivem Stress ausgesetzt sind, voneinander unterscheidet.

Als eine der ersten und grundlegendsten Arbeiten in der Resilienzforschung gilt die Langzeitstudie der amerikanischen Entwicklungspsychologin Werner. Sie untersuchte den Einfluss einer Vielzahl von biologischen und psychosozialen Risikofaktoren auf die Entwicklung von 698 Kindern, die 1955 auf der Insel Kauai (Hawaii) geboren wurden. Die erste Untersuchungsphase erfolgte in der pränatalen Entwicklungsstufe, dann jeweils im Alter von einem Jahr, zwei, zehn, 18, 32 und 40 Jahren. Besonders interessierte sich Werner für jene 201 Kinder aus sozial schwachen Familien, die durch chronische Armut, geburtsbedingte Komplikationen, elterliche Psychopathologie und dauerhafter Disharmonie einem hohen Entwicklungsrisiko ausgesetzt waren. Die Studie ergab, dass zwei Dritteln dieser Kinder später kein geregeltes Leben gelang. Das andere Drittel der Kinder, die erheblichen Risiken ausgesetzt waren, entwickelte sich zu leistungsfähigen, zuversichtlichen und fürsorglichen Erwachsenen. So gab es im Alter von 40 Jahren in dieser Gruppe die niedrigste Rate an Todesfällen, an chronischen Gesundheitsproblemen und Scheidungen. Es gab keinen Probanden, der Konflikte mit dem Gesetz hatte oder Sozialhilfe benötigte. Alle hatten Arbeit, die Ehen waren stabil, sie schauten positiv in die Zukunft und hatten viel Mitgefühl für Menschen in Not. Laut Werner und anderen Wissenschaftlern waren diese Menschen flexibel, ausgeglichen und wenig ängstlich.

In den letzten Jahren befassten sich immer mehr Forscher mit dem Thema Resilienz und der Frage, wie Menschen ihre Widerstandsfähigkeit stärken können. Die Ergebnisse beschreiben dabei nicht eine Methode, sondern eine Reihe von Strategien, die oftmals in Resilienz-Programmen herausgearbeitet und reflektiert werden.

Resilienz basiert auf Lebenseinstellungen und Verhalten, ist lernbar, wieder verlernbar und neu erlernbar und beschreibt somit einen Entwicklungsprozess. Deswegen gilt es, die zentralen Einflussfaktoren zu identifizieren und zu berücksichtigen, die den Entwicklungsprozess fördern. Die Resilienzforschung unterscheidet dabei innere und äußere Schutzfaktoren, die jeweils einen Einfluss auf die Ausbildung von Resilienz haben (s. Tab. 4.1).

Tab. 4.1 Innere und äußere Schutzfaktoren aus der Resilienzforschung (Resilienzforum 2016)

Innere Schutzfaktoren	Äußere Schutzfaktoren
Eigenschaften und Verhaltensweisen, die in der Person selbst liegen (Freundlichkeit, Ängstlichkeit, Ausgeglichenheit)	Faktoren, die im Umfeld der Person unterstützend wirken (Familie, Schule, Gemeinde)
Haltungen, Einstellungen	Positive Rollenmodelle
Glaubenssätze	Die stabile Beziehung zu mindestens einer engen Bezugsperson
Überzeugungen	Freundschaften
Verhaltensstrategien	Schulbildung
Positive Erfahrungen, vor allem der Selbstwirksamkeit	Resilienzfördernde Umgebung, Lebens- und Arbeitskultur

Resilienz soll somit nicht als widerstandslose Anpassung an Veränderungen oder Zumutungen von außen verstanden werden. Auch beruht Resilienz nicht auf einzelnen stark ausgeprägten Eigenschaften oder lässt sich als statischer Zustand beschreiben, sondern entwickelt sich über die Zeit in unterschiedlicher Ausprägung. Resilienz entsteht im dynamischen Zusammenspiel innerer und äußerer Kräfte und balanciert sich je nach Ausgangslage, Kontext und Zielsetzung immer wieder neu aus. Es handelt sich dabei um einen komplexen Anpassungsprozess, der stetig in Gang gesetzt und durchlaufen werden muss. Resilienz ist kein Konzept mit eindimensionaler bzw. eindeutiger Zuschreibung von Ursache und Wirkung („wenn-dann"), sondern als ein mehrdimensionales Wahrscheinlichkeitskonzept zu verstehen.

Eine stärkere Resilienz kann zum Beispiel durch eine Vergrößerung des Handlungsrepertoires in der Auseinandersetzung mit herausfordernden Situationen entstehen, die nicht mit den üblichen Mitteln bewältigt werden können. Dabei müssen die inneren Kräfte durch Schwierigkeiten, Probleme und Krisen gestärkt und gleichzeitig bewährte Verhaltensmuster aufgebrochen werden. Resilienz hat also immer ein individuelles Profil, das geprägt ist von den unterschiedlichen Situationen, mit denen man konfrontiert wurde.

Rampe (2010), eine anerkannte Resilienzforscherin, beschreibt sieben Faktoren („Säulen"), die einen Einfluss auf die innere Stärke haben (s. Abb. 4.2).

Die ersten drei Säulen beziehen sich auf Grundhaltungen, während die weiteren vier Säulen Fähigkeiten beschreiben.

Bei der ersten Grundhaltung „Optimismus" liegt der Schwerpunkt auf einer positiven Weltsicht, einem positiven Selbstbild und einer realistischen Zuversicht. Hier ist entscheidend, wie gut es einem gelingt, die Aufmerksamkeit auf die erfreulichen Aspekte zu richten, ohne Risiken, Probleme etc. zu ignorieren, Niederlagen und Rückschläge als normal

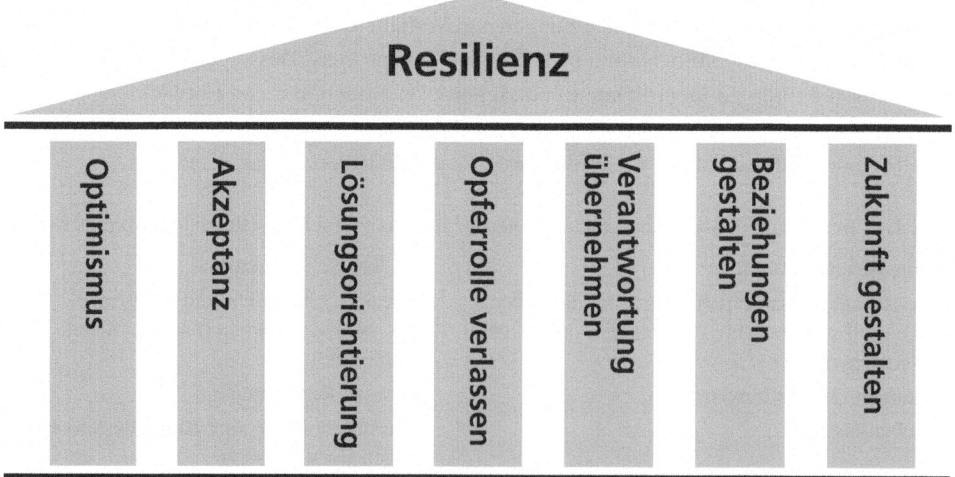

Abb. 4.2 Sieben Säulen der Resilienz nach Rampe (2010)

zu akzeptieren, sich selbst und das Leben mit Humor zu betrachten und daran zu glauben, Schwierigkeiten bewältigen und entsprechende Fähigkeiten aufbauen zu können.

Die zweite Grundhaltung „Akzeptanz" bezieht sich auf Geduld und die Kraft abwarten zu können, Unabänderliches zu akzeptieren und sich selbst wertzuschätzen. Es geht also darum, nüchtern zu akzeptieren, was geschehen ist, und schmerzlichen Tatsachen ins Auge zu blicken, zu unterscheiden, was man beeinflussen kann und was nicht, darauf zu vertrauen, dass jedes Ereignis auch positive Aspekte enthält und sinnvolle Konsequenzen nach sich ziehen kann, eigene Grenzen hinzunehmen und versöhnlich mit sich umzugehen.

Die Schwerpunkte der dritten Grundhaltung „Lösungsorientierung" liegen im Gelingen, aus der „Problem-Trance" herauszukommen, sich realistische Ziele zu setzen, Optionen zu entwickeln und kreativ zu denken. Wesentlich ist hierbei, Probleme systematisch in Möglichkeiten, Angebote und Chancen zu verwandeln, erste kleine Schritte als Anfang des Wegs wertzuschätzen, viele Möglichkeiten in den Blick zu nehmen und erst später zu bewerten, ungewohnte Methoden zu nutzen und sich von anderen inspirieren zu lassen.

Die erste Fähigkeit, der einen Einfluss auf Resilienz zugeschrieben wird, nennt Rampe die „Opferrolle verlassen". Sie wird mit Selbstbewusstsein, Selbstwirksamkeit, angemessener Interpretation der Realität und der Erlangung von Freiheit durch Vergeben assoziiert. Hier kommt es darauf an, wie sehr es einem möglich ist, sich auf die eigenen Stärken zu besinnen und sich der eigenen Schwächen bewusst zu sein, davon überzeugt zu sein, dass das eigene Handeln Konsequenzen hat und auch kleine Schritte etwas bewirken können, zwischen sachlichen Notwendigkeiten, eigenen Ansprüchen und fremden Erwartungen zu unterscheiden, den Anteil anderer oder der Rahmenbedingungen realistisch einzuschätzen und (stumme) Vorwürfe und Hass energetisch umzulenken.

Als fünfte Säule führt Rampe die Fähigkeit „Verantwortung übernehmen" auf, was die Verantwortung für das eigene Denken, (Nicht-)Tun und Fühlen und Selbst-Regulation impliziert. Hier ist entscheidend, den eigenen Anteil an der Situation einzugestehen und anderen nicht die Schuld in die Schuhe zu schieben, Gefühlen wie Trauer, Hilflosigkeit und Wut unter Umständen Raum zu geben, für sich selbst zu sorgen, vorausschauend und initiativ zu handeln und Fehler als Lernchancen und Quellen für persönliche Entwicklung zu betrachten.

Die dritte Fähigkeit „Beziehungen gestalten" beschreibt das Engagement in sozialen Netzwerken, Empathie, soziale Flexibilität, emotionale Intelligenz und Verbundenheit. So ist es förderlich, ebenbürtige Beziehungen zu gestalten, unterschiedliche Stützsysteme zur Ergänzung der eigenen Ressourcen aufzubauen, ohne davon vollkommen abhängig zu sein, um Unterstützung, Rat und Hilfe bitten zu können, sich in andere hineinzuversetzen und ihre Beweggründe nachzuvollziehen, unabhängig von Sympathie und Übereinstimmung und Wissen und Fähigkeiten einzubringen und andere zu unterstützen, ohne sich selbst zu verausgaben.

Als letzte Säule wird die Fähigkeit „Zukunft gestalten" im Sinne von Antizipation, Fokussierung und Zielorientierung aufgeführt. Hierbei ist es wichtig, solide und umsichtig zu planen, potenzielle Wendungen vorzudenken und gleichzeitig für Unvorhergesehenes und Unvorhersehbares offen zu sein, Alternativen zu entwickeln und durch die

Wahlmöglichkeiten schneller, flexibler und handlungsfähig zu sein, sich selbst zu motivieren durch Ausrichten auf Visionen, die Bedeutung haben und Sinn stiften und damit übergeordnete Orientierung geben. Auch ist es entscheidend, ob es einem gelingt, durch klare Zielformulierung von der reinen Absicht zum aktiven Handeln zu gelangen und langfristige Orientierung mit realer Umsetzung zu verbinden.

Übertragen auf den Unternehmenskontext und die inneren Schutzfaktoren gibt es folgende exemplarische Aussagen, die für resiliente Haltungen und Einstellungen stehen (Resilienzforum 2016):

(1) „Ich bin **optimistisch**, dass diese Krise auch wieder vorbei geht."
(2) „Ich **akzeptiere** meine Leistungsgrenzen und mache mir realistische Zielvorgaben."
(3) „Ich sehe die Probleme und handle zugleich **lösungsorientiert**."
(4) „**Ich sorge gut für mich** und nehme mir meine Auszeiten."
(5) „Ich warte nicht ab, sondern übernehme **Selbstverantwortung**."
(6) „Ich hole mir Hilfe und **Unterstützung** von Kollegen."
(7) „Ich bilde mich weiter und gestalte aktiv meine **Zukunft**."
(8) „Fehler dürfen sein und gehören zu meinem **Lernprozess** dazu."

4.2 Resilienz und Führung

Eine Führungskraft sollte Bedingungen schaffen, die es ihr selbst und auch den Mitarbeitern ermöglichen, resilient zu werden und zu bleiben. Persönliche innere Kräfte können zwar nicht von außen beeinflusst werden, Führungskräfte können jedoch diese Kräfte stärken und dazu beitragen, dass alles unterlassen wird, was die Resilienz der Mitarbeiter behindern oder bremsen könnte.

Um zu überprüfen, ob von Unternehmensseite äußere Schutzfaktoren geboten werden, sind folgende Fragestellungen für Führungskräfte hilfreich:

(1) „Pflegen wir einen **wertschätzenden** und freundlichen Umgangston?"
(2) „Arbeiten wir mit **realistischen** Ziel- und Leistungs-Vorgaben?"
(3) „Geben wir den Mitarbeitern Raum für **eigene Ideen** und Kreativität?"
(4) „Sorgen wir ausreichend für Pausen und **Regenerations**-Phasen?"
(5) „Besitzen unsere Mitarbeiter genügend **Entscheidungsfreiheit**?"
(6) „Achten unsere Vorgesetzten auf ihre **Vorbildfunktion**?"
(7) „Sorgen wir für eine nachhaltige **Weiterbildung** unserer Mitarbeiter?"
(8) „Bieten wir eine konstruktive **Fehler- und Lernkultur**?"

Für eine Führungskraft kommt es nicht darauf an, dass die Mitarbeiter resilient werden, damit ihre Entscheidungen bejaht und vertreten werden. Stattdessen sollte eine Führungskraft darauf achten, welche Aktionen den Optimismus der Mitarbeiter dämpfen und welche Zumutungen ihre Bereitschaft zur Akzeptanz überschreiten.

Voraussetzung dabei ist, dass die Führungskraft die erwünschten Haltungen und Handlungsweisen selbst pflegt und zum Ausdruck bringt. So fördert beispielsweise ein generell respektvoller Umgang die Akzeptanz, Zutrauen fördert Optimismus, wohingegen ständiges Klagen und reaktives Verhalten Selbstverantwortung und proaktives Vorgehen in schwierigen Situationen reduzieren.

Resümee

Die Fähigkeit, in instabilen oder belastenden Zeiten seine eigene Stabilität zu bewahren, wird als Resilienz bezeichnet. Dabei geht es nicht um ein statisches Konzept, nach dem bestimmte Eigenschaften stark ausgeprägt sein müssen oder darum, sich widerstandslos Veränderungen anzupassen. Vielmehr beschreibt Resilienz einen individuellen, von Krisen und Problemen geprägten Entwicklungsprozess, der zu einer Stärkung der inneren Kräfte führt, indem ein selbstbewusster Umgang durch positive Grundhaltungen und Fähigkeiten (Optimismus, Lösungsorientierung, Akzeptanz etc.) immer mehr gelingt.

Kontroll- und Lernfragen

- Welche individuellen und psychischen Grundhaltungen sind grundsätzlich förderlich für die Resilienz eines Menschen?
- Welche Fähigkeiten können resiliente Menschen abrufen, wenn sie sich in belastenden Situationen befinden?
- Was könnte aus Ihrer Sicht ein Unternehmen tun, um die Resilienz seiner Mitarbeiter und Führungskräfte zu stärken?

Literatur

Rampe, M. (2010). *Der R-Faktor – Das Geheimnis unserer inneren Stärke*. Hamburg: Books on Demand.

Resilienzforum. (2016). Resilienzforum – Echt stark in die Zukunft. www.resilienzforum.com. Zugegriffen am 05.02.2016.

Kulturelle Kraftfelder als Entscheidungsgrundlage in disruptiven Zeiten

5

> **Zusammenfassung**
>
> Die Globalisierung und die neuen Kommunikationstechnologien haben in den letzten Jahrzehnten die Vernetzung zwischen den Lebens- und Erlebenswelten der Menschen unaufhaltsam vorangetrieben. Die Instabilität und Unvorhersagbarkeit der dadurch entstandenen komplexen Dynamik erhöht den Druck auf die Entscheidungsträger. Die Notwendigkeit, relevante Informationen aus dem nicht enden wollenden Datenstrom der Netzwerke herauszufiltern und Visualisierungen zu entwickeln, die es erleichtern, Zusammenhänge sofort zu erkennen, nimmt stetig zu. Deshalb wird der Einsatz von Methoden zu einer Verringerung der Komplexität immer wichtiger. Das Interviewverfahren nextexpertizer nutzt die kollektive Intuition von Gruppen, um kulturelle Kraftfelder systematisch zu erfassen und vergleichbar zu machen.

> **Lernziele**
> Nach der Durcharbeitung dieses Kapitels sollten Sie
>
> - basierend auf Ihrem Vorwissen über Konstruktivismus und Systemtheorie den methodischen Ansatz vom nextexpertizer nachvollziehen können.
> - ein Verständnis für die Entstehung und Abbildung kultureller Kraftfelder haben.

5.1 Paradigmenwechsel in Marktforschung und Demoskopie

In ihrer „Theorie der Schweigespirale" attestiert die Vorreiterin der deutschen Demoskopie Noelle-Neumann den Menschen ein „quasi-statistisches Wahrnehmungsorgan" für die Verteilung und Entwicklung von Meinungen in der Öffentlichkeit (Noelle-Neumann 1980).

Die Akteure in einer Gesellschaft haben demnach ein mehr oder weniger ausgeprägtes Gefühl dafür, Entwicklungen und Strömungen zu erspüren und wahrzunehmen. Noelle-Neumanns „quasi-statistisches Wahrnehmungsorgan" erweist sich bei näherem Hinsehen als Teil der weit umfassenderen Fähigkeit des Menschen, die Kraftfelder einer Kultur in alltäglichen Situationen intuitiv erfassen zu können und unmittelbar zum Orientierungsrahmen des eigenen Handelns zu machen. Kultur ist dabei Ausdruck und Ergebnis kollektiver Intelligenz. Den Mensch in erster Linie als Individuum zu verstehen, hieße die Tatsache zu ignorieren, dass wir als „physiologische Frühgeburt" (Portmann 1941) nur in der Gemeinschaft überleben können.

Vom ersten Moment seines Lebens an ist der Mensch darauf angewiesen, wirksame Kraftfelder im sozialen Raum wahrzunehmen und zu interpretieren. Die im Gehirn nachgewiesenen Spiegelneuronen gelten als neuronales Korrelat für Einfühlungsvermögen (Rizzolatti und Sinigaglia 2008). In naturwissenschaftlich geprägter Denkweise ist es immer überzeugend, wenn ein „weiches" psychologisches Geschehen mit einer „harten" physiologischen Basis unterlegt werden kann. Dies gilt besonders dann, wenn die Phänomene direkt in praktischen Anwendungen nutzbar gemacht werden können. Beispielsweise versuchen neuere Neuroscience-Ansätze, Erkenntnisse und Methoden der Hirnforschung zum Verständnis und zur Vorhersage von Konsumverhalten heranzuziehen (vgl. Häusel 2007). Dabei besteht allerdings die Gefahr, die Vielfalt menschlichen Verhaltens auf wenige Basismechanismen zu reduzieren und mit der Beschränkung auf das individuelle Gehirn den Blickwinkel zusätzlich zu verengen. Im Zuge der zunehmenden Vernetzung und Komplexität werden Ansätze, die sich mit Aspekten der Interaktion und der Dynamik sozialer Systeme auseinandersetzen, deswegen weiter an Bedeutung gewinnen. Die Betrachtung der Analyseeinheit „Kultur" wird zunehmend an Relevanz gewinnen.

Über die Zunahme der Vernetzungsdichte sind heute Menschen selbstverständlicher miteinander verbunden, die früher aufgrund ihrer Herkunft und Lebensumstände nicht oder nur im Ausnahmefall im Austausch miteinander standen. Im Internet kann sich eine Information im Prinzip aus jeder noch so abgelegenen Nische über Resonanz zum „Hype" aufschaukeln und auch ohne massenmediale Unterstützung rasend schnell in die Mitte der Gesellschaft vordringen. So werden die tradierten Rahmen des Denkmöglichen gesprengt und das Wissen um die Existenz von Andersartigkeit radikal erweitert. In der sich so ergebenden Multioptionalität (Gross 1994) verblassen die Wertvorstellungen der eigenen Herkunft, Zeitstrukturen verlieren ihre Gültigkeit und Hierarchien ihre Macht. Mit dem Aufkommen der sozialen Software des Web 2.0 haben Durchdringungsgeschwindigkeit und Alltagsnähe der neuen Informations- und Kommunikationstechnologien ein Ausmaß erreicht, das eine Trennung zwischen „offline" und „online" willkürlich und künstlich erscheinen lässt.

Die Vielfalt an Teilhabe und Beteiligung, die den Menschen heute offensteht, erzeugt Sozialisationswege, die eine stabile Definition von Zielgruppen auf der Basis soziodemografischer Rahmendaten sehr unwahrscheinlich oder sogar unmöglich machen. Ob Konsument, Bürger oder Mitarbeiter eines Unternehmens – persönliche Vorlieben und Verhaltensweisen aus der Kenntnis von allgemeinen Kriterien wie Alter, Geschlecht oder

Einkommen vorherzusagen, ist kaum noch möglich. Selbst die deutlich differenziertere Gruppierung von Menschen nach sozialen Milieus mit einheitlicher Lebensauffassung und Lebensweise verliert an prognostischer Aussagekraft. Inkongruenzen bei der Anpassung der aktuell in der Marktforschung verwandten Milieumodelle an die gesellschaftliche Realität deuten darauf hin, dass auch der Erklärungs- und Nutzwert dieser Segmentierungen zurückgeht. So fasst beispielsweise das „expeditive Milieu" des Sinus-Sociovisions-Instituts Personen zu einer Wertegemeinschaft zusammen, die eigentlich gerade nicht mehr in das Schema sozialer Milieus passen: Das „expeditive Milieu" wird als unkonventionelle und kreative Avantgarde beschrieben, die individualistisch, sehr mobil und digital vernetzt Grenzen austestet. Damit ist dieses „expeditive Milieu" letztlich nur ein Auffangbecken für die Personen, die sich nicht mehr ins Modell fügen. Auch unabhängig von dieser Anomalie werden die Sinus- und SIGMA-Milieus immer weiter untergliedert und immer schneller angepasst (Weigel 2010).

Zielgruppen-Konzepte und soziale Milieus suchen die zur Verhaltensvorhersage notwendigen Konstanten im Individuum. Es wird unterstellt, dass jeder Mensch über seine persönliche Lebens- und Lerngeschichte ein stabiles Set von Einstellungen und Wertepräferenzen ausbildet, das über verschiedene Situationen hinweg das Erleben einer invarianten persönlichen Identität ermöglicht. Aber je facettenreicher dieses Set von Einstellungen und Wertepräferenzen ist und je häufiger es durch neue Erfahrungen verändert wird, desto schwerer fällt es den Menschen, eine situationsübergreifende Identität beizubehalten. Mit dem Anwachsen von Multioptionalität in der Gesellschaft verliert die Analyseeinheit „Individuum" an Aussagekraft. Angesichts der Überforderung durch die komplexe Dynamik der Netzwerke sehen sich die Menschen – egal ob Entscheidungsträger, Konsument, Bürger oder Mitarbeiter im Unternehmen – immer häufiger veranlasst, „auf Sicht zu segeln". Wie bereits oben am Beispiel des „quasi-statistischen Wahrnehmungsorgans" für öffentliche Meinung erläutert, nutzen die Menschen dabei ihre Fähigkeit, intuitiv die kulturellen Kraftfelder zu erfassen, die als kollektiver Orientierungsrahmen zur Verfügung stehen. Dadurch, dass sich die Menschen zunehmend an diesen Umfeldgegebenheiten ausrichten, scheinen sie beispielsweise als Konsumenten immer illoyaler und widersprüchlicher zu werden. In der Politik sind Parteiprogramme heute weniger wichtig als aktuelle Themenresonanzen, und im Kontext von Unternehmensführung gewinnt die aktive Gestaltung von Kulturfaktoren immer mehr an strategischer Bedeutung. Dass diese Trends tatsächlich bereits seit längerem zu beobachten sind, bestätigt die Verlagerung der zur Vorhersage von Verhalten notwendigen Konstanten von der Person zur Situation.

Statt Zielgruppen zu definieren oder Milieus zu beschreiben wird es für die Unterstützung von Entscheidungen in Wirtschaft und Politik sinnvoll, sich der Analyse situationsspezifischer „Layer" oder „Wertewelten" zuzuwenden. Der Begründer der soziologischen Phänomenologie, Alfred Schütz, benutzte 1945 in seinem Aufsatz „On Multiple Realities" für derartige unterschiedliche „Layer" in der alltäglichen Lebenswelt der Menschen den Begriff „Sinnprovinzen". Er ging davon aus, dass es für das Verständnis menschlichen Handelns unverzichtbar sei, „die invarianten eigenwesentlichen Strukturen […] einer Gemeinschaft" (Schütz 1971, S. 138) zu untersuchen. An die Stelle der Verdichtung individueller

Vorlieben oder Abneigungen tritt die Aufgabe, kulturelle Kraftfelder (vgl. Fischer 1965) messbar zu machen, die in interessierenden Konsumbereichen, Themenkontexten oder gesellschaftlichen Institutionen das Verhalten der Menschen beeinflussen. Mit der Änderung des Blickwinkels von der Vielfalt individueller Präferenzen auf den vereinheitlichenden und stabilisierenden Einfluss von Kulturmustern wächst die Chance, Komplexität zu verringern und die Dynamik der Prozesse in Wirtschaft und Politik besser zu verstehen. Damit rückt die Frage in den Mittelpunkt, wie ein Verfahren aussehen muss, das in der Lage ist, die in verschiedenen Situationen verhaltenswirksamen kulturellen Kraftfelder einer systematischen Analyse zugänglich zu machen.

Während Einstellungen, Meinungen und persönliche Vorlieben im Prinzip durchaus über direktes Nachfragen erfasst werden können, ist das Wissen der Menschen über die stabilisierenden Werte und Regeln in einer Kultur zu großen Teilen implizit (vgl. Kap. 3), d. h. nicht bewusstseinspflichtig und mitunter sogar nicht einmal bewusstseinsfähig. Insbesondere die Kulturmuster, die während der Primärsozialisation in der Kindheit und der Sekundärsozialisation im Jugendalter verinnerlicht werden, entziehen sich weitgehend der rationalen Reflexion. Die Kultur, in der man aufgewachsen ist, bestimmt gerade aus diesem Grund so stark und nachhaltig das Leben und Erleben. Da der Mensch außerdem aus handlungsökonomischer Sicht dazu tendiert, sich wiederholende und konstant bleibende Zusammenhänge im Alltag zu automatisieren, gilt die Überführung in implizites Wissen durchaus auch für die tertiäre Sozialisation im Erwachsenenalter. Normalerweise wird man sich der verinnerlichten Kultureigenarten nur über ein diffuses Gefühl des Dazugehörens oder der Fremdheit bewusst. Trifft man auf eine Situation, in der kulturelle Kraftfelder wirken, die nicht dem eigenen Repertoire entsprechen, entsteht eine Irritation, die unterschiedlich bewältigt werden kann. Vorausgesetzt, man entzieht sich nicht einfach der Herausforderung durch Rückzug oder Ablehnung, stehen zwei prinzipielle Möglichkeiten der Bewältigung zur Verfügung: Entweder es wird versucht, die Situation den eigenen Dispositionen anzupassen, oder man lässt sich auf einen längeren Prozess des Erlernens der neuen Kulturmuster ein (vgl. „Assimilation" und „Akkommodation" bei Piaget). Unter diesem Betrachtungswinkel ist leicht nachvollziehbar, dass der Auseinandersetzung mit Kulturthemen – beispielsweise bei der Fusion unterschiedlicher Unternehmen oder bei der internationalen Ausdehnung von Geschäftstätigkeiten – eine erfolgskritische Bedeutung zukommt.

Kulturelle Aspekte werden in ihrer Wirkung häufig unterschätzt, weil sie sich der unmittelbaren rationalen Betrachtung entziehen und dadurch in der faktenorientierten Managementphilosophie von Steuerung, Zielvereinbarung und Ergebnismessung nur bedingt handhabbar sind. Diese Beobachtung bildete vor über zwanzig Jahren den Ausgangspunkt für das im Folgenden näher beschriebene Interview- und Analysewerkzeug „nextexpertizer".

5.2 Das Interview- und Analysewerkzeug „nextexpertizer"

In vielen Beratungsprojekten zeigte sich ein eklatantes Missverhältnis zwischen der vermuteten Bedeutung „weicher" Faktoren und dem Mangel an strukturierten, intersubjektiv überprüfbaren Verfahren zu ihrer Messung. Dieses offenkundige Defizit motivierte eine

5.2 Das Interview- und Analysewerkzeug „nextexpertizer"

intensive Entwicklungsarbeit und führte schließlich 2001 zur Gründung des Methoden- und Beratungsunternehmens nextpractice unter dem Claim „a matter of fact in a world of values". Von Anfang an war klar, dass das Verfahren zur Analyse kultureller Kraftfelder drei Dilemmata zu lösen hatte: (1) das Dilemma der Irrationalität, (2) das Dilemma der Ambiguität und (3) das Dilemma der Übersummativität.

(1) <u>Dilemma der Irrationalität</u>: Das Verfahren sollte es ermöglichen, auf eine praxistaugliche, also vergleichsweise einfache Art die unbewussten Bewertungsmuster zu erfassen, die Menschen befähigen, in komplexen Situationen intuitiv zu entscheiden und zu handeln. Dazu war sicherzustellen, dass das bei der Wahrnehmung kultureller Kraftfelder eingesetzte implizite Wissen weitgehend ohne rationale Verzerrungen in die Messung eingeht. Damit schieden von vornherein Frageformen aus, die einen intellektuellen Interpretationsakt auf Seiten des Befragten voraussetzen. Es konnte somit nur ein qualitatives Verfahren zum Einsatz kommen, das wie bei einem frei geführten Gespräch mit einem Minimum an Vorgaben auskommt und maximale Freiheit auf Seiten der Auskunftspersonen garantiert.

(2) <u>Dilemma der Ambiguität</u>: Das Verfahren sollte es ermöglichen, trotz qualitativer Erhebungscharakteristik, objektive, in allen Teilschritten nachzuvollziehende, Ergebnisverdichtungen vorzunehmen. Trotz der nicht zu umgehenden Verwendung individueller Formulierungen durch die Auskunftspersonen musste das Verfahren also in der Lage sein, die Unschärfe und Mehrdeutigkeit von Alltagssprache aufzuklären, ohne die Auskunftspersonen rational in die Interpretation einzubeziehen. Hierzu war es notwendig, einen Weg zu finden, das Semantik-Problem bereits in den Rohdaten, also vor der sonst bei qualitativen Verfahren üblichen Deutung durch einen unabhängigen Experten, zu lösen. Dies konnte nur über eine mathematisch gestützte Kontextklärung gelingen. Das Verfahren musste also trotz der qualitativen Freiheit eine quantitative Bearbeitung gestatten.

(3) <u>Dilemma der Übersummativität</u>: Das Verfahren sollte es ermöglichen, nicht nur das implizite Wissen von Einzelpersonen zu erfassen und zu verstehen, sondern die Sichtweisen größerer Gruppen zu einer kollektiven Intuition zu verbinden. Nur so ließ sich die Hoffnung rechtfertigen, die für eine Kultur typischen Musterbildungen sichtbar machen zu können. Kultur ist ein emergentes soziales Phänomen, d. h. das Ganze ist mehr als die Summe der Teile und nicht verlustfrei auf Einzelperspektiven rückführbar. Jede Auskunftsperson gleicht bei der Erfassung kultureller Kraftfelder einem einzelnen Messpunkt in einem übergeordneten Zusammenhang. Individuelle Präferenzen und Abweichungen dürfen nur als zu vernachlässigende oder herauszurechnende Störung in die Messung eingehen. Das Verfahren musste sich gleichzeitig sowohl zur differenzierten Erfassung der unbewussten Einschätzungen von Individuen als auch für deren Integration zu ganzheitlichen Ordnungsmustern eignen. Sollte dies gelingen, war zu erwarten, dass bereits relativ kleine Stichprobengrößen ausreichen würden, um qualitativ repräsentative Aussagen zu situationsbezogen eingegrenzten „Layern" oder „Wertewelten" einer Kultur zu gewinnen.

Das Interviewverfahren nextexpertizer erlaubt eine Messung weitgehend ohne die Vorgabe eines detailliert vorformulierten inhaltlichen Verständnisses des Untersuchungsgegenstandes. Die inhaltliche Hoheit liegt uneingeschränkt beim Befragten, d. h. dem Experten (Konsumenten, Bürger oder Mitarbeiter). Insofern handelt es sich bei nextexpertizer um einen qualitativen Untersuchungsansatz, bei dem sich die befragten Personen in einem persönlichen Einzelinterview in ihren eigenen Worten zum Untersuchungsgegenstand (Beschreibungsebene) äußern und auf ihren individuellen, im Interview gebildeten Bewertungsskalen computergestützt intuitive Zuordnungen vornehmen (Bewertungsebene).

Trotz des individuellen Charakters der Einzelinterviews ist eine Vergleichbarkeit über eine mathematische Verdichtung (Quantifizierung) sämtlicher in den Einzelinterviews entstehenden Bewertungsmatrizen möglich (Bewertungsebene). Die in den Matrizen enthaltenen individuellen Präferenzmuster werden zu dem spezifischen Bewertungsraum des jeweiligen Untersuchungsfeldes (Layer) verdichtet. Da diese Verdichtung unabhängig von der verwendeten Sprache der befragten Personen rein auf der Ebene der erhobenen Bewertungsmuster mathematisch erfolgt, ist ein unmittelbarer Zugang zur kollektiven Intuition und somit zum kulturellen (überindividuellen) Kraftfeld eines ausgewählten Untersuchungsbereiches möglich. Ähnlichkeiten und Unterschiede in den persönlichen Präferenzen, auf deren Basis Gruppen gebildet und Typen charakterisiert werden können, werden sichtbar.

Die mathematische Verdichtung auf der Bewertungsebene stellt Ähnlichkeiten und Unterschiede in der Wortverwendung der befragten Personen dar und gestattet dadurch auch auf der begrifflichen Ebene eine methodisch gestützte Verdichtung. Im Gegensatz zu anderen deutungsabhängigen qualitativen Verfahren ist der Interpretationsspielraum sehr gering und die Zuverlässigkeit (Interrater-Reliabilität) der Verdichtungsschritte außergewöhnlich hoch. Über die mathematisch gestützte Verdichtung der Begriffe zu Themen entsteht ein differenziertes Verständnis für die jeweils wirkenden Kräfte und Resonanzen.

Durch die entwickelten Algorithmen zur Weiterverarbeitung von Roh-Matrizen ist es mit nextexpertizer möglich, innerhalb kürzester Zeit die in Einzelinterviews erhobenen Präferenzmuster von mehreren hundert Einzelpersonen zu intuitiven Wertewelten zu verdichten und abzubilden – unabhängig von Sprach- und Kulturunterschieden.

Die Einmaligkeit der Methode ergibt sich zusammengefasst aus einer Kombination von drei methodischen Vorgehensweisen:

(1) qualitatives Interview mit intuitiven Bewertungsphasen
(2) mathematische Musterbildung auf der Bewertungsebene
(3) semantische Verdichtung über Wortverwendungsähnlichkeit

Gegenstand der Messung mit nextexpertizer ist also nicht mehr, wie beispielsweise bei Ansätzen des Neuromarketings, die emotionale Bewertung im einzelnen Gehirn, sondern die „kollektive Intuition" der Menschen innerhalb eines Untersuchungsfeldes (Layer).

5.3 Methodische Vertiefung nextexpertizer

Die zugrunde liegende Methode nextexpertizer beruht auf dem von Kelly zur Erfassung persönlicher Wirklichkeitskonstruktionen bei der Begleitung psychotherapeutischer Prozesse entwickelten Role-Construct-Repertory-Grid-Verfahren (Kelly 1955), das auch heute noch weltweit bei unterschiedlichsten Fragestellungen zur Anwendung kommt (vgl. Scheer 2014). Als klinischer Psychologe skizzierte Kelly bereits 1955 einen eigenständigen, gemäßigt konstruktivistischen Ansatz mit durchaus allgemeinpsychologischem Geltungsanspruch, der auch heute noch aktuell ist. Die „Psychologie der persönlichen Konstrukte" betrachtet den Menschen als Forscher, der aus seiner Erfahrung Hypothesen für zukünftige Situationen entwickelt, diese überprüft, bestätigt und gegebenenfalls anpasst.

Im REP-Grid bringen Auskunftspersonen über ein sehr einfaches Befragungsritual (s.u.) Ereignisse oder Objekte (Elemente) ihrer Erfahrungswelt auf der Grundlage von versprachlichten Unterschieden oder Gemeinsamkeiten (Konstrukte) in eine Abhängigkeitsbeziehung (Matrize). Während sich das Erhebungsverfahren auch heute noch eng am Vorgehen von Kelly orientiert, haben sich Auswertung und Darstellung der in den Kelly-Matrizen (REP-Grids) enthaltenen Ordnung mit den von Arne Raeithel im Rahmen seiner Habilitationsschrift publizierten Ideen zur Kelly-Matrizen-Methodik deutlich weiterentwickelt (vgl. Scheer und Catina 1993a, b). Ein erster experimenteller Vorläufer des softwaregestützten Interview- und Auswertungswerkzeugs nextexpertizer war die von Raeithel konfigurierte, auf Macintosh-Anwenderprogrammen basierende Software „Gridstack". Die konkrete Gestaltung von nextexpertizer wurde von Kruse in Zusammenarbeit mit Schomburg konzipiert und entstand auf der Grundlage der gemeinsamen Forschungsarbeit von Kruse und Raeithel (Kruse et al. 1992, 1994a, b).

Die Methodik von nextexpertizer ist weder eindeutig als qualitatives noch eindeutig als quantitatives Messverfahren einzuordnen. Die Befragungstechnik gestattet es den Auskunftspersonen wie bei einem qualitativen Interview frei und nahezu uneingeschränkt zur Bewertung eigene Beschreibungen zu benutzen. Die Ergebnisse spiegeln damit weitgehend vorgabefrei die Sichtweise eines Individuums wider. Die Befragten konstruieren gewissermaßen während der Befragung ihren eigenen, ganz persönlichen Fragebogen. In diesem Sinne ist das Verfahren idiografisch. Die über die Verwendung frei gewählter Konstrukte (Beschreibungsdimensionen) entstehende relationale Zuordnung von Elementen der individuellen Erfahrungswelt (Ereignissen oder Objekten) in einer Matrize (REP-Grid) erlaubt aber dennoch über mathematische Analysen (Raeithel 1990) eine interindividuelle Vergleichbarkeit. Wenn bei der Befragung verschiedener Auskunftspersonen eine hinreichende Zahl von Elementen konstant gehalten wird und eine gemeinsame Erfahrungsgrundlage mit diesen Elementen besteht, können individuelle Muster direkt quantitativ miteinander in Beziehung gesetzt werden. Dabei ist prinzipiell das Inventar statistischer Methoden anwendbar. In diesem Sinne ist das Verfahren nomothetisch.

Auf Grund der besonderen Zwitterstellung des Verfahrens zwischen qualitativer und quantitativer Methodik ist eine Anwendung der klassischen Testgütekriterien nur bedingt sinnvoll. Für eine tiefergehende Diskussion der Gütekriterien kann auf eine Überblicksarbeit von Lohaus (1993) verwiesen werden. Lohaus fasst in seiner Arbeit zusammen, dass eine Abwertung von Verfahren, die auf der REP-Grid-Technik beruhen, aus der entsprechenden Forschungsliteratur nicht begründbar ist. Bezogen auf Reliabilität und Validität bestehen keine Mängel, aus denen eine Bevorzugung klassischer Erhebungsmethoden gegenüber der REP-Grid-Technik abgeleitet werden kann. Bannister und Mair (1968) geben in ihrem Sammelreferat über REP-Grids z. B. eine Retest-Reliabilität von 0.6 bis 0.8 bezogen auf die Konstruktbeziehungen an. Diese tendenziell geringe Reliabilität auf der Ebene der Konstruktbeziehungen ist aufgrund der qualitativen Orientierung eher als Kriterium für die Verfahrenssensibilität denn als methodisches Problem anzusehen. Bezogen auf die Musterbildung von Vergleichselementen wies (Sperlinger 1976) eine Retest-Reliabilität von 0.95 nach. Die bisherigen Erfahrungswerte in der Beratungspraxis von nextpractice legen zudem eine hervorragende inhaltliche Aussagekraft des Basisverfahrens nahe. Relevante Ergebnisabweichungen oder gravierende Widersprüche zu parallel durchgeführten Vergleichsmessungen mit standardisierten Fragebögen wurden nicht festgestellt. Eine detaillierte Beschreibung des Verfahrens und eine Einschätzung der Gütekriterien legten Kruse et al. (2007) vor.

5.4 Ablauf des Messprozesses

Eine Messung mit nextexpertizer beginnt mit der Bestimmung der Vergleichselemente, die den Suchraum der Erhebung definieren und das assoziative Gerüst der einzelnen Befragung bilden (Schritt 1: Festlegung des Elemente-Sets). Die Elemententwicklung legt die Befragungsrichtung fest und muss sich daher eng an der entsprechenden Fragestellung für die Untersuchung orientieren.

Bei einer Untersuchung mit nextexpertizer werden anschließend die für die Befragung geeigneten Auskunftspersonen bestimmt (Schritt 2: Bestimmung der Auskunftspersonen). Die Auskunftspersonen müssen für die Vergleichselemente einen ausreichenden Kenntnisstand mitbringen, d.h. sie sollten für die Fragestellung „Erfahrungsexperten" sein. Ein Interview mit nextexpertizer läuft in dem von Kruse und Raeithel entwickelten Bremer Verfahren (Kruse et al. 1992, 1994a, b) nach einem festen, auf dem robusten Prinzip des assoziativen Paarvergleiches basierenden Erhebungsritual ab (Schritt 3: Durchführung der Interviews).[1] Per Zufallsauswahl oder über Vordefinition werden zu Beginn des Erhebungsrituals vom Interviewmodul des Programmsystems zwei der speziell für die Befragung entwickelten Elemente ausgewählt (z. B. „Bewerber A" und „Ideales Kompetenzprofil"). Die Auskunftsperson wird aufgefordert, die beiden Elemente als ähnlich oder unterschiedlich einzustufen

---

[1] Somit ähnelt das Verfahren der Choice-Based-Conjoint-Analyse (vgl. Louviere und Woodworth 1983).

(vergleichen). Hat sich die Person für eine Alternative entschieden, bekommt sie die Aufgabe, den Unterschied bzw. die Gemeinsamkeit mit einer für sie persönlich bedeutsamen Beschreibungsdimension zu qualifizieren (benennen: z. B. „kalt wie eine Hundeschnauze" vs. „sozial einfühlsam"). Der initiale Vergleich und die Benennung der polaren Konstruktdimension werden als „Evokationsphase" bezeichnet. Im Anschluss an die Konstruktevokation werden nun alle übrigen Elemente des Sets schnell und ohne langes Nachdenken den selbst definierten Konstruktpolen zugeordnet (bewerten). Den Auskunftspersonen stehen dabei als Antwortalternativen die beiden Konstruktpole, die Bewertung „beides", „dazwischen", „weder noch" und „weiß nicht" zur Verfügung. Das gesamte Vorgehen wird solange wiederholt, bis die Auskunftsperson alle ihr zur Beschreibung des interessierenden Untersuchungsbereiches wichtig erscheinenden Konstruktdimensionen hervorgebracht hat.

Das in der so entstandenen Matrize enthaltene relationale Muster von Elementen und Konstrukten wird über eine Eigenstrukturanalyse (ESA) nach Slater (1977) in einen leicht interpretierbaren mehrdimensionalen Bedeutungsraum umgerechnet und der Auskunftsperson rückgemeldet (Schritt 4: Konsensuelle Validierung). In diesem Raum liegen Elemente, die vom Experten als ähnlich bewertet werden, nah beieinander und Elemente, die vom Experten als unterschiedlich bewertet wurden, weiter voneinander entfernt. Für Gruppenvergleiche oder Zeitverlaufsanalysen werden mehrere dieser Bedeutungsräume mit Hilfe einer Hauptkomponentenanalyse (vgl. Wold, Esbensen, und Geladi 1987) zusammengefasst (Multi-ESA) und können nach Inhaltskategorien oder Kenngrößen (z. B. Elementdistanzen) ausgewertet werden (Schritt 5: Analyse der Musterbildungen). In diesem gemeinsamen Raum wird jedes Element als Zentroid positioniert, d. h. in der gemittelten Position der Elementpositionen aller Einzelinterviews. Analog zu Elementen in der Einzel-ESA liegen Zentroide, die kollektiv als ähnlich bewertet werden, nah beieinander. Entsprechend liegen Zentroide, die kollektiv als verschieden bewertet werden, weiter voneinander entfernt.

Die in nextexpertizer realisierte Form der dreidimensionalen, interaktiv animierten Datenpräsentation erlaubt dem Betrachter ohne die weitere Verwendung statistischer Analysen eine unmittelbare Einsicht in die Komplexität von Gruppenwirklichkeiten und Zeitverläufen.

Resümee

Nur eine Kultur, die einen tragfähigen gemeinsamen Identitätskern besitzt, ist in der Lage, Vernetzung zu fördern und damit den vollen Mehrwert des im Unternehmen vorhandenen Erfahrungswissens zu realisieren. Ohne ein ehrliches Monitoring der Erwartungshaltungen und Wertvorstellungen der Mitarbeiter und Führungskräfte verbleibt eine Mehrwert stiftende Zusammenarbeit sehr schnell auf der Ebene gut gemeinter Appelle.

Da nur mit ausgefeilten indirekten Methoden kulturelle Faktoren erfasst werden können, scheidet die Verwendung standardisierter Fragebögen aus. Fragebögen erlauben zwar eine hohe Vergleichbarkeit der Ergebnisse, erreichen aber oft nicht die wünschenswerte inhaltliche Tiefe und Aussagekraft. Qualitative Interviews wiederum erlauben zwar eine differenzierte Erhebung komplexer Zusammenhänge, aber die Einzelaussagen lassen sich nur sehr bedingt miteinander vergleichen. Das von nextpractice entwickelte Interviewverfahren nextexpertizer verbindet beide Vorzüge: Es eröffnet einen Zugang zu den größtenteils unbewusst handlungsleitenden Bewertungsstrukturen eines Unternehmens und ermöglicht gleichzeitig – wie bei Fragebögen – eine mathematische Vergleichbarkeit und Verdichtung der Einzelinterviews.

Mit nextexpertizer äußern sich die Befragten in einem ca. zweistündigen persönlichen Interview in eigenen Worten und vollkommen frei über den Gegenstand der Untersuchung. Zur Erhebung der Aussagen, die vom Interviewer direkt in einen Computer eingegeben werden, verwendet nextexpertizer das psychologisch robuste Prinzip des assoziativen Paarvergleiches. Obwohl es sich bei nextexpertizer um eine qualitative Methode handelt, bietet das Tool alle Möglichkeiten eines quantitativen Verfahrens: Mit nextexpertizer können beliebig viele Interviews mathematisch miteinander in Beziehung gebracht werden.

In der Auswertung werden die in Einzelinterviews erhobenen Präferenzen zu dem spezifischen Bewertungsraum des Unternehmens verdichtet, der quasi die emotionalen Achsen (Resonanzfelder) des Unternehmens aufzeigt. Eine Analyse der intuitiven Bewertungsmuster macht die tatsächlichen Erwartungshaltungen von Führungskräften und Mitarbeitern sichtbar und ermöglicht einen konstruktiven Abgleich der verschiedenen Perspektiven. Anhand der von nextpractice entwickelten Kennzahlen (KPIs) für Unternehmenskultur lassen sich die geeigneten Interventionen für einen Veränderungs- oder Verbesserungsprozess ableiten und deren Wirksamkeit überprüfen.

Diese Transparenz und die konsequente Beteiligung möglichst vieler Akteure in vernetzten Diskursen erhöht die Erfolgswahrscheinlichkeit in den Prozessen, z. B. im Projektmanagement, bei der Entwicklung der Unternehmens- und Führungskultur oder der Gestaltung von Kunden- und Lieferantenbeziehungen. Die Entwicklung einer nachhaltig „gesunden" Unternehmenskultur im Spannungsfeld von Marktanforderungen, Leistungsoptimierung, Anpassungsfähigkeit und Innovationskraft wird somit mess- und gestaltbar.

Kontroll- und Lernfragen

- Beschreiben Sie die Dilemmata, mit denen moderne Messverfahren konfrontiert sind.
- Was misst Ihrer Meinung nach ein Fragebogen?

Literatur

Bannister, D., & Mair, J. M. M. (1968). *The evaluation of personal constructs*. London/New York: Academic.
Fischer, H. (1965). *Theorie der Kultur – Das kulturelle Kraftfeld*. Stuttgart: Seewald.
Gross, P. (1994). *Die Multioptionsgesellschaft*. Frankfurt a. M.: Suhrkamp.

Literatur

Häusel, H.-G. (2007). *Neuromarketing – Erkenntnisse der Hirnforschung für Markenführung, Werbung und Verkauf.* Freiburg: Haufe.

Kelly, G. A. (1955). *The psychology of personal constructs* (Bd. I, II). New York: Norton.

Kruse, P., Zenker, C., Lang, P., Meyer, G., Pavlekovic, B., Greiser, E., Maschewski-Schneider, U., Raeithel, A., Stadler, M., Vetter, G. (1992). Zwischenbericht der Begleitforschung zur Methadonsubstitution im Land Bremen. In *Bremer Beiträge zur Psychologie* (Bd. 105 D, S. 1–91): Universität Bremen.

Kruse, P., Holzhüter, H., Klingenberg, S., Meyer zu Altenschildesche, M., Raeithel, A., & Stadler, M. (1994a). Medizinische und psychologische Aspekte bei der Betreuung von HIV-Positiven und AIDS-Patienten. In A. Kurme, H. J. Klose & H.-J. Beer (Hrsg.), *Psychosoziale Aspekte bei Hämophilie und HIV* (S. 88–112). Stuttgart: Thieme.

Kruse, P., Holzhüter, H., Meyer zu Altenschildesche, M., Eberling, W., Vogt-Hillmann, M., Raeithel, A., & Stadler, M. (1994b). Psychosomatische Wechselwirkungen bei Aids: Ein Projektbericht. In P. Buchheim, M. Cierpka & T. Seifert (Hrsg.), *Neue Lebensformen, Zeitkrankheiten und Psychotherapie* (S. 197–226). Berlin: Springer.

Kruse, P., Dittler, A., & Schomburg, F. (2007). nextexpertizer und nextcoach: Kompetenzmessung aus der Sicht der Theorie kognitiver Selbstorganisation. In J. Erpenbeck & L. von Rosenstiel (Hrsg.), *Handbuch Kompetenzmessung* (S. 405–427). Stuttgart: Schäffer-Poeschel.

Lohaus, A. (1993). Testtheoretische Aspekte der Repertory Grid-Technik. In J. W. Scheer & A. Catina (Hrsg.), *Einführung in die Repertory-Grid-Technik* (Bd. 1, S. 80–91). Göttingen: Hans Huber.

Louviere, J. J., & Woodworth, G. (1983). Design and analysis of simulated consumer choice or allocation experiments: An approach based on aggregate data. *Journal of Marketing Research, 20,* 350–367.

Noelle-Neumann, E. (1980). *Die Schweigespirale – Öffentliche Meinung, unsere soziale Haut.* München: Langen Müller.

Portmann, A. (1941). Die biologische Bedeutung des ersten Lebensjahres beim Menschen. *Schweizerische Medizinische Wochenzeitschrift, 71,* 921–1001.

Raeithel, A. (1990). *Arbeiten zur Methodologie der Psychologie und zur Kelly-Matrizen-Methodik.* Habilitationsschrift: Universität Hamburg.

Rizzolatti, G., & Sinigaglia, C. (2008). *Empathie und Spiegelneurone – Die biologische Basis des Mitgefühls.* Frankfurt a. M.: Suhrkamp.

Scheer, J. W. (2014). The Psychology of Personal Constructs. www.pcp-net.de. Zugegriffen am 15.01.2016.

Scheer, J. W., & Catina, A. (1993a). *Einführung in die Repertory Grid-Technik* (Grundlagen und Methoden, Bd. 1). Göttingen: Hans Huber.

Scheer, J. W., & Catina, A. (1993b). *Einführung in die Repertory Grid-Technik* (Grundlagen und Methoden, Bd. 2). Göttingen: Hans Huber.

Schütz, A. (1971). *Gesammelte Aufsätze I: Das Problem der sozialen Wirklichkeit.* Den Haag: Martinus Nijhoff.

Slater, P. (1977). *The measurement of interpersonal space by grid technique* (Dimensions of interpersonal space, Bd. 2). London: Wiley.

Sperlinger, D. J. (1976). Aspects of stability in the repertory grid. *Journal of Medical Psychology, 49,* 341–347.

Weigel, T. (22. September 2010). Deutschlands Gesellschaft: ‚Keiner will mehr Mitte sein'. *Süddeutsche Zeitung.*

Wold, S., Esbensen, K., & Geladi, P. (1987). Principal component analysis. *Chemometrics and Intelligent Laboratory Systems, 2,* 37–52.

Ergebnisse aktueller Kulturstudien zu Führung und Arbeit

6

> **Zusammenfassung**
>
> Im Auftrag des Bundesministeriums für Arbeit und Soziales (BMAS) und der Initiative Neue Qualität der Arbeit (INQA) wurde seit 2012 mittels der oben beschriebenen Methode das kulturelle Kraftfeld der Wertemuster von 400 Führungskräften vermessen. Darüber hinaus wurden in 2015/2016 in der ebenfalls vom BMAS beauftragten Studie „Wertewelten Arbeiten 4.0" 1.200 Erwerbspersonen in Deutschland zu ihren Vorstellungen und Bewertungen der Arbeitswelt mit nextexpertizer befragt. Die Ergebnisse der beiden Studien werden im Folgenden dargestellt.

> **Lernziele**
> Nach der Durcharbeitung dieses Kapitels sollten Sie:
>
> - die Ergebnisse aktueller Studien zu Führung und Arbeit kennen.
> - verstehen, wie diese Ergebnisse entstanden sind.

6.1 Führungskultur im Wandel

Was sind heute und morgen die Anforderungen an „gute Führung"? Wie agiere ich als Führungskraft im Sinne des Unternehmens und der Kundinnen und Kunden? Wie verhalte ich mich gegenüber meinen Mitarbeiterinnen und Mitarbeitern? Hat Führung eine gesellschaftliche Verantwortung?

Diese Fragen werden seit September 2012 innerhalb des Projekts „Forum Gute Führung", das im Rahmen der INQA gefördert wird, diskutiert. Diese vom BMAS ins Leben gerufene Initiative fördert Projekte und Studien, die die Diskussionen und Veränderungen in Gesellschaft und Betrieben unterstützen sollen.

Die Studie behandelt die aktuellen Herausforderungen, die sich vor dem Hintergrund des technologischen Wandels und der dynamisch vernetzenden Arbeitswelt für Führungskräfte entwickelt haben. Ziel der Studie „Gute Führung" ist es, den Dialog zu entfachen und Führungsverantwortliche in Deutschland dabei zu unterstützen, Führungskonzepte zu entwickeln, die den komplexen Anforderungen der modernen Arbeitswelt gerecht werden und Unternehmen zukunftsfähig machen (vgl. Kruse und Greve 2014). Ausgangspunkt dafür sollten Studienergebnisse sein, die das implizite Wissen von Führungsverantwortlichen sichtbar machen und zeigen, welche Wertemuster das Führungsverhalten beeinflussen.

Dazu wurden 400 eineinhalb bis zweistündige Tiefeninterviews mit Führungskräften durchgeführt, wobei die Führungskräfte als intuitive Expertinnen und Experten für die differenzierte Abbildung der Führungskultur in Deutschland dienten. Die Stichprobe setzte sich wie in Tab. 6.1 dargestellt zusammen.

Die Führungskräfte wurden in den Interviews aufgefordert, ihre Situation und die Anforderungen an „gute Führung" frei und mit eigenen Worten zu beschreiben. So wurde sichergestellt, dass die Befragten die für sie relevanten inhaltlichen Dimensionen frei

Tab. 6.1 Zusammensetzung der interviewten Führungskräfte der Studie Gute Führung

		Anzahl Befragte
Unternehmensebenen	1: Vorstandsmitglied	137
	2: Bereichsleitung	116
	3: Abteilungsleitung	102
	4: Teamleitung	33
	5: Mitarbeiter	12
Unternehmensgröße	über 250 Mitarbeiter	233
	51 bis 250 Mitarbeiter	60
	11 bis 50 Mitarbeiter	54
	unter 10 Mitarbeiter	53
Unternehmenstypen	Dienstleistung	233
	Fertigung	82
	Handel	54
	Andere	31
Geschlechtergruppen	Männer	281
	Frauen	119
Altersgruppen	über 50 Jahre	117
	41 bis 50 Jahre	182
	31 bis 40 Jahre	84
	unter 31 Jahre	10
	keine Angabe	7

6.1 Führungskultur im Wandel

Abb. 6.1 Werteraum Gute Führung nach Kruse und Greve (2014)

benannten. Ausgehend von den selbst gewählten begrifflichen Unterscheidungen ordneten die Führungskräfte ihre Einschätzungen ein und bewerteten zusätzlich eine Auswahl relevanter Führungsstile, Organisationsformen und Managementinstrumente. Die in den Interviews entstandenen individuellen Bewertungs- und Bedeutungsräume wurden in einem nächsten Schritt mathematisch zu einem Gesamtbild verdichtet, das die übergreifenden Kulturmuster für „Führung in Deutschland" sichtbar werden ließ (siehe Abb. 6.1). Jedes Einzelinterview fungierte somit sozusagen als ein Messpunkt zur Bestimmung der „kulturellen Großwetterlage".

Die ca. 4.600 frei formulierten Originalaussagen wurden entsprechend ihrer mathematischen Positionierung im Raum zu Themenclustern verdichtet. Diese beschreiben die kulturellen Felder, die sich aus Verrechnung der einzelnen Interviews ergeben. Unterscheiden lassen sich 37 positiv bewertete (schwarz) und 37 negativ bewertete Cluster (weiß). Je größer die Darstellung eines Themenclusters, desto größer ist die Anzahl der Originalaussagen, die dem Cluster zugrunde liegen.

Zum Beispiel sind in dem negativ bewerteten Cluster „Mikromanagement" rund 90 Originalaussagen zusammengefasst. 21 Prozent der interviewten Führungskräfte haben dazu Kritiken und Beschreibungen formuliert wie „viel zu engmaschige Vorgaben machen", „über detaillierte Aufgabenlisten steuern" oder „nur Einzelaktionen ausführen dürfen". Alle 74 Cluster sind auf diesem Wege entstanden und erlauben jederzeit einen Zugriff auf ihre zugehörigen Originalaussagen. Der verdichtete semantische Werteraum dient als vereinfachtes inhaltliches Bezugssystem für die Gesamtheit aller Bewertungen und Entwicklungsprognosen.

Aus der in Abb. 6.1 dargestellten „kulturellen Großwetterlage" der aktuellen Führungskultur lassen sich ein erster Linie folgende drei Haupttendenzen herausstellen:

- <u>Ablehnung von Hierarchie und Planbarkeit</u>: Hierarchisch dominierte Vorausplanungen werden mehrheitlich abgelehnt. Die Zeit des Vordenkens und Anweisens ist vorbei.

Die klassische Linienhierarchie wird zum Auslaufmodell erklärt. Die Führungskräfte prognostizieren sich selbst organisierende Netzwerke als Organisationsform der Zukunft.
- Ergebnisoffenheit: Alle 400 interviewten Führungskräfte benennen die Fähigkeit, mit ergebnisoffenen Prozessen umzugehen, als ein zentrales Merkmal von „guter Führung". Der Bereitschaft, sich auf die Unsicherheit gemeinsamer Suchbewegungen einzulassen, wird eine signifikant höhere Bedeutung beigemessen als dem Management über Zielvereinbarung und Controlling.
- Transparenz, Einfühlung und Kooperationen: Transparenz von Informationen, Integration unterschiedlicher Lebensentwürfe, empathische Einbeziehung von Mitarbeitenden und die Förderung übergreifender Kooperationen stehen weit oben auf der Wunschliste. Die Führungskräfte sind sich einig, dass einsame Entscheidungen und fertig ausgearbeitete Konzepte angesichts der komplexen Dynamik global vernetzter Märkte nicht mehr angemessen sind.

In welche Richtung die gemeinsamen Suchprozesse gehen müssen und was konkret die Orientierung in diesen Zeiten der Instabilität beinhalten muss, zeigen die folgenden zehn Kernaussagen zu „guter Führung" (vgl. Kruse und Greve 2014):

1. **Flexibilität und Diversität sind weitgehend akzeptierte Erfolgsfaktoren.**
   Aus Sicht der meisten Führungskräfte ist das Arbeiten in beweglichen Führungsstrukturen mit individueller Zeiteinteilung und in wechselnden Teamkonstellationen bereits auf einem guten Weg. Die Idee der Förderung von Unterschiedlichkeit wird partiell bereits umgesetzt, und die Beiträge zur Unternehmenskultur vor allem von den weiblichen Führungsverantwortlichen sehr positiv bewertet.
2. **Prozesskompetenz ist für alle das aktuell wichtigste Entwicklungsziel.**
   Hundert Prozent der befragten Führungskräfte halten die Kompetenz zur professionellen Gestaltung ergebnisoffener Prozesse für erfolgsentscheidend. Vor dem Hintergrund der instabilen Marktdynamik, abnehmender Vorhersagbarkeit und überraschender Hypes ist ein schrittweises Handeln angemessener als die Ausrichtung an Planungen.
3. **Sich selbst organisierende Netzwerke sind das favorisierte Zukunftsmodell.**
   Aus Sicht der meisten Führungskräfte ist eine Organisation in Netzwerkstrukturen am besten geeignet, um den Herausforderungen der modernen Arbeitswelt zu begegnen. Durch die kollektive Intelligenz sich selbst organisierender Netzwerke erhoffen sich die Führungskräfte mehr kreative Impulse, eine höhere Innovationskraft, eine Beschleunigung der Prozesse und eine Verringerung von Komplexität.
4. **Hierarchisch steuerndem Management wird mehrheitlich eine Absage erteilt.**
   Hinsichtlich der Komplexität und Dynamik der zukünftigen Arbeitswelt sind Steuerung und Regelung nach Meinung der meisten Führungskräfte nicht mehr angemessen. So gelten traditionelle Managementwerkzeuge wie Zielemanagement und Controlling bei zunehmender Volatilität und abnehmender Planbarkeit als nicht mehr tauglich. Die klassische Linienhierarchie wird geradezu als Gegenentwurf von „guter Führung" angesehen.

5. **Kooperationsfähigkeit hat Vorrang vor Renditefixierung.**
   Mehr als 50 Prozent der befragten Führungskräfte sind sich einig, dass anstelle von traditionellen Wettbewerbsstrategien das Prinzip Kooperation an Bedeutung gewinnt. Lediglich 29 Prozent der Führungsverantwortlichen bezeichnen ein effizienzorientiertes und auf Profitmaximierung ausgerichtetes Management als ihr persönliches Idealmodell von Führung.
6. **Persönliches Coaching ist ein unverzichtbares Werkzeug für Führung.**
   Aus Sicht der Führungskräfte weichen hierarchische Strukturen zugunsten einer Netzwerkorganisation, da die Durchsetzung eigener Ansichten über Befehlsvorgänge kaum mehr möglich sei. Um Resonanz zu erlangen, sind Einfühlungsvermögen und Einsichtsfähigkeit wichtige Schlüsselkompetenzen, für die es für alle Akteure im Unternehmen mehr Reflexion und intensive Entwicklungsbegleitung bedarf.
7. **Motivation wird an Selbstbestimmung und Wertschätzung gekoppelt.**
   Die Führungskräfte sind sich einig, dass Gehalt und andere materielle Anreize hinsichtlich der persönlichen Motivation an Bedeutung verlieren und stattdessen Wertschätzung, Entscheidungsfreiräume und Eigenverantwortung wichtiger werden. So bestimmen nicht Statussymbole, sondern Autonomie und der wahrgenommene Sinnzusammenhang einer Tätigkeit das persönliche Engagement.
8. **Gesellschaftliche Themen rücken in den Fokus der Aufmerksamkeit.**
   Über 15 Prozent der frei genannten Beschreibungen im Führungskontext beinhalten Fragen zur gesellschaftlichen Solidarität und der sozialen Verantwortung von Unternehmen. So nimmt anscheinend der Ausgleich von Ansprüchen und Interessen verschiedener gesellschaftlicher Gruppen einen wachsenden Raum ein.
9. **Führungskräfte wünschen sich Paradigmenwechsel in der Führungskultur.**
   78 Prozent der befragten Führungskräfte sind sich einig, dass Deutschland ohne eine grundlegende
   Änderung in der heutigen Führungspraxis weit unter seinen Möglichkeiten bleibt. Ein Blick auf die Langfristentwicklung verschärft diese Einschätzung noch: Betrachtet man die Entwicklung der Führungspraxis in Relation zu der Entwicklung der Führungsanforderungen seit 1950, öffnet sich die Schere zwischen Führungspraxis und Führungsanforderungen seit Jahren immer weiter.
10. **Führungskultur wird kontrovers diskutiert.**
    Die Mehrheit der 400 interviewten Führungskräfte erkennt intuitiv ein deutliches Gap zwischen der Führungspraxis in Deutschland und den Anforderungen, die sich durch den Wandel der Arbeitswelt ergeben (s. Abb. 6.2). Die Führungskräfte sehen die Kriterien, die ihnen im Kontext „guter Führung" wichtig sind, heute nicht einmal zur Hälfte verwirklicht (mittlerer Erfüllungsgrad 49 Prozent). Sie kritisieren damit eine seit Jahren anhaltende Fehlentwicklung der Führungskultur. Schrittweise Verbesserungen reichen ihrer Ansicht nach nicht mehr aus, um den eigenen Anspruch an gute Führung umzusetzen. Gelingt es nicht, diesen Gap zu schließen, nimmt die Gefahr, den Anschluss zu verpassen, in ihren Augen kontinuierlich zu.

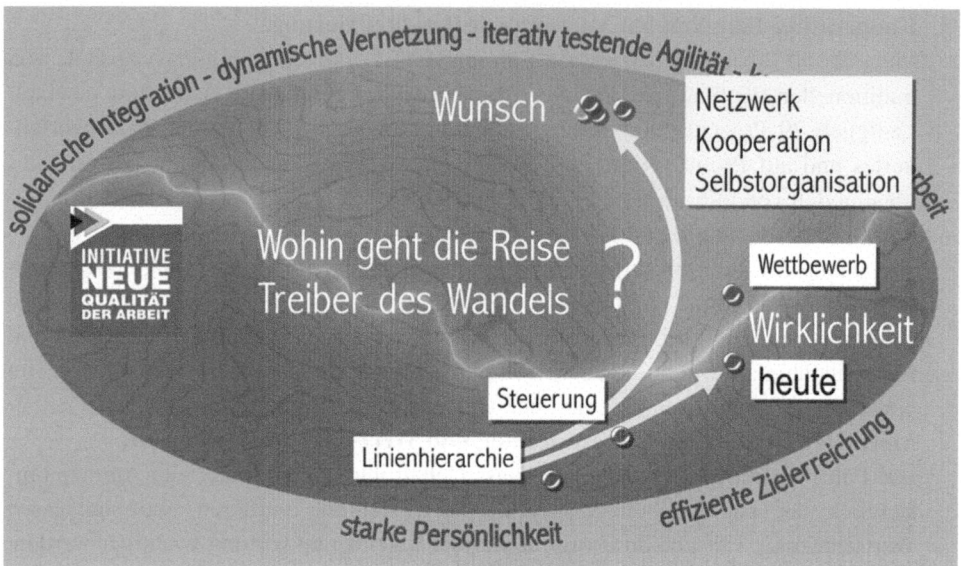

Abb. 6.2 Führung in Deutschland zwischen Wunsch und Wirklichkeit (Kruse und Greve 2014)

6.1.1 Fünf Führungstypen

Während die Studien-Ergebnisse einerseits große Übereinstimmungen aufweisen, zeichnet sich an anderen Stellen zwar eine klare Entwicklung ab, die jedoch nicht von allen befragten Führungskräften geteilt wird. Um die Verteilung einzelner Wertemuster hinsichtlich „guter Führung" deutlicher darzustellen, wurden in der Studie fünf mathematisch eindeutig unterschiedliche Werte-Cluster bzw. Präferenztypen bestimmt. Diese Präferenztypen setzen klare inhaltliche Schwerpunkte. Daher kann die quantitative Verteilung der empirisch erzeugten Gruppen durchaus als eine erste grobe Einschätzung der prozentualen Verteilung der Präferenzen bei deutschen Führungskräften dienen.

Folgende fünf Präferenztypen haben sich anhand der individuellen Unterschiede in der inhaltlichen Verortung von „gute Führung" ergeben (Kruse und Greve 2014):

Typ 1 „Traditionell absichernde Fürsorge" (13,50 %) Eine gute Führungskraft hat die Fähigkeit, Menschen im direkten Kontakt Sicherheit zu geben und ihnen persönlich den Rücken zu stärken. Gute Führung ist authentisch, kompetent und besitzt natürliche Autorität. Die Loyalität und Zufriedenheit der Mitarbeiter sind das Ergebnis persönlicher Vorbildfunktion und Verantwortungsübernahme. Zentrales Ziel von Führung ist es, langfristig die Arbeitsplätze der Menschen im Unternehmen und stabile Beziehungen und Organisationsverhältnisse zu sichern.

Typ 2 „Steuern nach Zahlen" (29,25 %) Eine gute Führungskraft ist in der Lage, Menschen so zu organisieren, dass sie auf der Basis eines bestehenden Geschäftsmodells maximalen Profit erwirtschaften. Gute Führung erhöht die Wettbewerbsfähigkeit des Unternehmens über Strategie, Zielvereinbarungen und ein professionelles, auf Kennzahlen gestütztes Controlling. Zentrales Ziel dieses Präferenztyps ist es, eine attraktive Rendite für die Kapitaleigner zu gewährleisten.

Typ 3 „Coaching kooperativer Teamarbeit" (17,75 %) Eine gute Führungskraft unterstützt und begleitet die Zusammenarbeit in dezentral organisierten, sich flexibel verschiedenen Aufgabenstellungen anpassenden Teams. Gute Führung fördert die Erhöhung der internen Diversität, sorgt für maximale Transparenz von Information und eine gemeinsame Reflexion von Zusammenhängen. Zentrales Ziel ist es, Synergiepotenziale im Unternehmen und in der Kooperation mit externen Partnern zu nutzen.

Typ 4 „Stimulation von Netzwerkdynamik" (24,00 %) Eine gute Führungskraft lässt viel Raum für Eigeninitiative und begünstigt die ungehinderte, hierarchiefreie Vernetzung aller Akteure im Unternehmen. Gute Führung vereint Menschen mit unterschiedlichen Lebensentwürfen unter einer attraktiven Vision und vertraut auf deren Fähigkeit zur Selbstorganisation. Zentrales Ziel dieses Typs ist die Bewältigung von Komplexität auf vernetzten Märkten durch eigene Netzwerkbildungen.

Typ 5 „Solidarisches Stakeholder-Handeln" (15,50 %) Eine gute Führungskraft motiviert hauptsächlich über persönliche Wertschätzung, Selbstbestimmung und die Sinnhaftigkeit gemeinsamer Arbeitszusammenhänge. Gute Führung ist offen für basisdemokratische Teilhabe und fördert solidarisches Handeln. Über die Aushandlung gemeinsamer Werte wird die Dynamik in den Netzwerken im Zaum gehalten. Zentrales Ziel ist es, die Interessen aller relevanten Stakeholder optimal auszubalancieren.

6.1.2 Roadmap für die Entwicklung „guter Führung"

Basierend auf dem von 400 Führungskräften intuitiv beschriebenen Kraftfeld der deutschen Führungskultur lassen sich ausgehend von der aktuellen Führungspraxis drei aufeinander aufbauende Entwicklungsstufen „guter Führung" ableiten (vgl. Kruse und Greve 2014):

- Stufe 1:

In der ersten Stufe wird der Schwerpunkt des Führungshandelns von Effizienz und Ertrag zu Kreativität und Erneuerung wechseln. An die Stelle von Linienhierarchie, Zielemanagement und Controlling wird die flexible Organisation in dezentralen Teams treten, die als Treiber von Kreativität, Kooperation und Veränderung fungieren werden. Geschäftsmodelle werden auf den Prüfstand gestellt. Der Schwerpunkt von Führung wird sich von instrumentell gestützten Führungssystemen zu Identitätsbildung, Team-Coaching und Empowerment verlagern. Aus Management wird Leadership werden.

- Stufe 2:

In der zweiten Entwicklungsstufe von „guter Führung" werden Teamstrukturen zunehmend durch selbst organisierende Netzwerke ergänzt oder ersetzt. Mit der Nutzung sozialer Medien in der Kommunikation innerhalb des Unternehmens und nach außen wird der direkte hierarchische Einfluss weiter abnehmen. Die Transformation zum Enterprise 2.0 wird noch einmal deutlich die Selbstbestimmung der Mitarbeitenden erhöhen und die Kosten der Zusammenarbeit verringern. Die Unternehmensprozesse werden beschleunigt und die Wahrscheinlichkeit kreativer Impulse wird weiter steigen. Ohne eine attraktive Vision und ohne verbindlich vereinbarte Regeln wird jedoch das Risiko eines Verlustes an gemeinsamer Ausrichtung wachsen. Führung wird dann die Aufgabe haben, über die Definition von Rahmenbedingungen und die Vermittlung von Sinnzusammenhängen die wachsende Eigendynamik zu kanalisieren und eine Synchronisierung der Aktivitäten sicherzustellen. Führung wird immer indirekter werden und Führungskräfte werden selbst eine intensive, begleitende Reflexion benötigen, um den Anforderungen gerecht werden zu können.

- Stufe 3:

Als Konsequenz dieser Entwicklung wird in der dritten Stufe von „guter Führung" die Einbettung der Unternehmensaktivitäten in einen stabilisierenden Wertekanon erfolgen. Aus der „Wert"-Orientierung der Shareholder-Value-Perspektive wird die „Werte"-Orientierung eines solidarischen Stakeholder-Handelns.

6.2 Arbeitskultur im Wandel

In der Studie „Wertewelten Arbeiten 4.0" hat nextpractice im Auftrag des BMAS in 1.200 Tiefeninterviews mit Erwerbspersonen repräsentativ erhoben, wie „Arbeit in Deutschland" genau wahrgenommen und bewertet wird. Dabei kam das Interviewverfahren nextexpertizer zum Einsatz, das in Kap. 5 beschrieben wurde.

Ziel der Studie war es, die Vorstellungen der Befragten zur Arbeitswelt erkennbar und in Anlehnung daran ihr Idealbild von Arbeit, ihre Wünsche, Hoffnungen und Ängste abbildbar zu machen. Die Ergebnisse zeigen, dass die Ansprüche an Arbeit deutlich auseinandergehen, und das über typische soziodemografische Trennlinien hinweg. Lediglich jede fünfte Erwerbsperson empfindet ihre aktuelle Arbeitssituation als nahezu ideal, für knapp die Hälfte der Befragten ist sie weit davon entfernt. Der Blick in die Zukunft ist dennoch teilweise optimistisch: Fast 50 Prozent der Befragten erwartet, dass im Jahr 2030 die eigene Arbeitssituation nah an ihrem Idealbild liegen wird.

Als zentrales Ergebnis der Studie ließen sich sieben Gruppen identifizieren, die in klar unterscheidbaren Wertewelten leben. In ihrer Sicht auf das Thema Arbeit, ihren handlungsleitenden Einstellungen und Haltungen stehen sich diese sieben Wertewelten zum Teil diametral gegenüber. Dass, was sich die einen wünschen, stellt für die anderen eine

6.2 Arbeitskultur im Wandel

Bedrohung dar. Im Folgenden werden die sieben identifizierten Wertewelten und ihre Verteilung beschrieben (vgl. Schomburg und Koppel im Druck).

Wertewelt 1: „Sorgenfrei von der Arbeit leben können" (27,7 %) Etwa 28 Prozent der Befragten, die sich dieser Wertewelt zuordnen lassen, geht es primär darum, in einer sicheren Gemeinschaft ohne materielle Sorgen leben zu können. Arbeit gehört für sie zum Leben, wird aber zum Teil als so vereinnahmend empfunden, dass neben der Arbeit kaum noch Platz für anderes bleibt. Planbarkeit ist in dieser Wertewelt ein zentraler positiver Wert, Beschleunigung und zunehmender Leistungsdruck werden dagegen als negativ empfunden. Dem Staat wird die Verantwortung übertragen, alle Menschen abzusichern, die ihren Beitrag zur Gesellschaft in Form von Erwerbsarbeit leisten. Es dominiert das Gefühl, dass die Arbeitswelt seit den 1990er-Jahren immer weniger den eigenen Idealvorstellungen entspricht. Zudem wird erwartet, dass sich die persönliche Situation zukünftig eher weiter verschlechtern wird.

Wertewelt 2: „In einer starken Solidargemeinschaft arbeiten" (9,3 %) Etwa neun Prozent der Befragten lassen sich dieser Wertewelt zuordnen. Sie assoziieren eine ideale Arbeitswelt mit Loyalität, Wertschätzung und einem guten Auskommen in einer Solidargemeinschaft. Die Entwicklung der Gesellschaft wird tendenziell als besorgniserregend empfunden. Man sehnt sich zurück nach einer Zeit, in der sich die Unternehmen um das Wohl ihrer Mitarbeiter sorgten, es Arbeit für alle gab und man auch in schlechten Zeiten zusammenhielt. Die heutige Arbeitswelt ist nach Einschätzung dieser Gruppe von Ellbogenmentalität geprägt. Auch dominiert das Gefühl, dass die Arbeitswelt immer weniger den eigenen Idealvorstellungen entspricht. Man beklagt jedoch vielmehr die gesamtgesellschaftliche Entwicklung, als die eigene Arbeitssituation, wobei durchaus Sorgen hinsichtlich Arbeitsplatzverlust und sozialem Abstieg artikuliert werden.

Wertewelt 3: „Den Wohlstand hart erarbeiten" (15,2 %) Bei etwa 15 Prozent der Befragten, die sich dieser Wertewelt zuordnen lassen, dominiert der Glaube, dass jeder, der sich bei seiner Arbeitstätigkeit wirklich anstrengt, es auch zu etwas bringen kann. Wer es geschafft hat, darf sich ruhig mit etwas Luxus belohnen. Ein Leben lang hart zu arbeiten wird als selbstverständlich angesehen. Insbesondere wird den Sozialpartnern die Verantwortung zugeschrieben, dafür zu sorgen, dass Deutschland weiterhin wirtschaftlich stark bleibt und Leistungsträger hier eine Heimat behalten. Die empfundene Distanz zwischen realer und idealer Arbeitswelt nimmt für diese Wertewelt seit der Jahrtausendwende eher zu.

Wertewelt 4: „Engagiert Höchstleistung erzielen" (11,3 %) Etwa elf Prozent der Befragten lassen sich dieser Wertewelt zuordnen. Ihr Idealbild von Arbeit ist geprägt von Verantwortung, Effizienz und Leistungsstreben. Arbeit wird als gewünschte Herausforderung und nicht als belastend erlebt. Die rasante Entwicklung von Wirtschaft und Gesellschaft in den letzten Jahren wird als positiv empfunden. Man teilt die Erwartung, dass die politischen Rahmenbedingungen zur Bewältigung dieser neuen Herausforderungen stimmig sind. So wird z. B. lebenslanges Lernen als eine Selbstverständlichkeit angesehen, mit der sich der Einzelne auseinandersetzen muss. Es herrscht ein hohe Zufriedenheit mit der heutigen Arbeitswelt, für die Zukunft wird eine weitere leichte Annäherung zwischen realer und idealer Arbeitswelt erwartet.

Wertewelt 5: „Sich in der Arbeit selbst verwirklichen" (9,7 %) Etwa zehn Prozent der Befragten lassen sich einer Wertewelt zuordnen, in der eine ideale Arbeitssituation mit der Möglichkeit assoziiert wird, sich immer wieder selbst neu zu erfinden und viele spannende Erfahrungen machen zu können, auch unter der Nutzung internationaler Netzwerke. Selbstverwirklichung wird dabei nicht als Widerspruch zu Leistung und Effizienz erlebt. Von der Gesellschaft und dem Arbeitgeber wird erwartet, dass sie Menschen auf ihrem individuellen Weg unterstützen, beispielsweise durch flexible Arbeitsmöglichkeiten und umfassende Kinderbetreuung. Während ideale und reale Arbeitswelt heute noch auseinanderliegen, hofft man auf eine Annäherung in der näheren Zukunft.

Wertewelt 6: „Balance zwischen Arbeit und Leben finden" (13,8 %) Für etwa 14 Prozent der Befragten, die sich dieser Wertewelt zuordnen lassen, basiert das Idealbild von Arbeit auf der Vereinbarkeit mit Familie und persönlicher Selbstverwirklichung. Vom Individuum wird Eigenverantwortung und gesellschaftliche Mitgestaltung erwartet. Die Gesellschaft soll so gestaltet sein, dass ihre Mitglieder gemeinsam gute Bedingungen für alle schaffen können. Die Wirtschafts- und Arbeitswelt soll sich dem Menschen anpassen und nicht umgekehrt. Man ist nicht bereit, für materielle Sicherheit seine Prinzipien zu verraten. Auch bei dieser Gruppe liegen ideale und reale Arbeitswelt heute noch auseinander, man hofft aber auf eine deutliche Annäherung in der Zukunft.

Wertewelt 7: „Sinn außerhalb seiner Arbeit suchen" (13,0 %) Etwa 13 Prozent der Befragten lassen sich einer Wertewelt zuordnen, in der die Erwerbsarbeit als alleinige sinnstiftende Tätigkeit negiert wird. Der Wert einer Tätigkeit bemisst sich vielmehr daran, inwiefern sie ein Beitrag zum Wohlergehen der Gesellschaft darstellt. Dem Staat wird die Verantwortung zugeschrieben, dass er allen Bürgern ein lebenswertes Auskommen garantiert, unabhängig davon, welches Einkommen sie am Arbeitsmarkt erzielen. Ideale und reale Arbeitswelt liegen weit auseinander. Zwar hofft man auf eine leichte Annäherung in der näheren Zukunft, rechnet aber nicht mit einer tatsächlichen Umsetzung der eigenen Idealvorstellungen.

Die Wünsche, Hoffnungen und Ängste bezüglich der Arbeitssituation in Deutschland sind durch deutliche Spannungsfelder gekennzeichnet. Bei einigen Themen liegen die angestrebten Aspekte der einen Gruppe und die abgelehnten Aspekte einer anderen Gruppe diametral gegenüber. Allerdings herrscht übergreifend Konsens darüber, niemanden aus der Gesellschaft herausfallen zu lassen. Auch ist man sich einig, dass niemand unter zu hohem Druck stehen sollte, um seine beruflichen und privaten Ziele verfolgen zu können.

Häufig werden gleiche bzw. ähnliche Begrifflichkeiten von den Befragten mit sehr unterschiedlichen Bedeutungen unterlegt. So gehen zum Beispiel die Meinungen über eine

6.2 Arbeitskultur im Wandel

gelungene Work-Life-Balance stark auseinander. Während sich einige eine strikte Trennung von Arbeit und Privatleben wünschen, also ein gesichertes Recht auf Feierabend, möchten andere selbst entscheiden, wann und wo sie arbeiten und dies situativ mit ihrem Arbeitgeber auf Augenhöhe klären. Auch bei den Ansprüchen an die Sozialpartner gibt es keine einheitlichen Vorstellungen. Die einen wollen eine starke kollektive Absicherung, die unfaire Arbeitsbedingungen verhindert, während die anderen jeglichen Paternalismus ablehnen. Hier hilft eine große, einheitliche Lösung nicht weiter. Vielmehr bedarf es pluralistischer Angebote, die den vielfältigen Ansprüchen gerecht werden. Die Sozialpartner sollten daher die Differenziertheit der Wertewelten sowohl bei der Gestaltung der zukünftigen Arbeitswelt als auch in ihrer alltäglichen Ansprache berücksichtigen.

Resümee

Deutschlands Manager sind sich einig: Führung braucht einen Paradigmenwechsel. Angesichts des Wandels der Arbeitswelt greifen alte Konzepte nicht mehr, weshalb sich „gute Führung" verändern muss und wird. In welche Richtung es geht, zeigen die Wertemuster der befragten Führungskräfte: Mehr Kompetenz für ergebnisoffene Prozesse, mehr Netzwerkdynamik und mehr Eigenverantwortung der Mitarbeiter sind gefragt. Damit sich diese Wertemuster in konkretes Führungshandeln übersetzen lassen, gilt es, gemeinschaftlich nach neuen Modellen zu suchen, zu experimentieren und sich über neue Führungsansätze auszutauschen. Erste Ansätze zeigen die in Kap. 9 aufgeführten Fallbeispiele. Mehr solcher sogenannten „Best Practices" für die Zukunft werden im Rahmen des Projekts „Forums Gute Führung" diskutiert (www.forum-gute-fuehrung.de). Sie geben Impulse für den benötigten Turnaround und könnten zur Ausgangsbasis für eine Führungskultur werden, die es mit den Herausforderungen der Zukunft aufnimmt.

In der „Wertestudie Arbeiten 4.0" werden repräsentativ die Sorgen, Hoffnungen, Wünsche und Einstellungen der Erwerbstätigen in Deutschland erfasst. Die Studie offenbart eine zerrissene Arbeitnehmerschaft und ein polarisiertes Land. Die sieben identifizierten Wertewelten reichen von altruistischen Sinnsuchern bis zu hoch motivierten Leistungsträgern, von Menschen, die in einer schnelleren, globalen Welt ihre Entfaltung finden, bis hin zu denen, die vor allem Sicherheit suchen. Während für die einen Leistung am wichtigsten ist, suchen andere Flexibilität oder auch gesellschaftliche Solidarität. „Zwischen diesen Gruppen [...] Brücken [zu] bauen", sieht die deutsche Arbeitsministerin Andrea Nahles als zentrale Aufgabe der Politik (vgl. Haerder 2016).

Weitere Informationen zur Studie finden Sie auf folgender Webseite: http://www.arbeitenviernull.de/mitmachen/wertewelten.html

Kontroll- und Lernfragen

- Diskutieren Sie die zehn abgeleiteten Kernaussagen zu „guter Führung" vor dem Hintergrund Ihrer eigenen Erfahrung.
- Wie hoch schätzen Sie die Wahrscheinlichkeit ein, dass der von den befragten Führungskräften prognostizierte Paradigmenwechsel gelingen wird? Begründen Sie.

Literatur

Bundesministerium für Arbeit und Soziales. (2015). Arbeiten 4.0 – Arbeit weiter denken. www.arbeitenviernull.de/mitmachen/wertewelten.html. Zugegriffen am 08.02.2016.

Haerder, M. (2016). Zukunft der Arbeit: Und was machen wir morgen? *WirtschaftsWoche*.

Kruse, P., & Greve, A. (2014). Monitor – Führungskultur im Wandel (Initiative Neue Qualität der Arbeit). http://www.forum-gute-fuehrung.de/ergebnisse. Zugegriffen am 08.02.2016.

Schomburg, F., & Koppel, H. (Im Druck). Gute Arbeit und faire Arbeit – mit besonderem Blick auf Migrantinnen und Migranten. In *IQ konkret*

7 Selbstreflexion als Königsweg im Umgang mit Komplexität

Zusammenfassung

In komplexen Situationen fehlt oft die Zeit, planvoll, d. h. rational Entscheidungen zu treffen und in Verhalten zu überführen. Erkenntnisse der modernen Hirnforschung legen nahe, dass die meisten Entscheidungen unbewusst im limbischen System auf der Basis emotionaler Kriterien getroffen werden. Besonders die Arbeiten von Gerhard Roth fördern ein umfangreicheres Verständnis der Zusammenhänge von neuronalen Prozessen und dem, was wir „Empfindung" nennen. Wo genau ist dabei eine eindeutige Unterscheidung zu treffen zwischen vernünftigen (im professionellen Kontext gerne auch „rational" genannten) Herleitungen von Entscheidungen und dem sogenannten „Bauchgefühl"? „Die große Herausforderung besteht also darin, die neurobiologischen Grundlagen des „Seelischen" zu bestimmen und zugleich die Fallstricke eines Reduktionismus wie die eines Dualismus zu vermeiden." (Roth und Strüber 2014). Im Grunde ist natürlich jede Empfindung das Produkt neuronaler Prozesse und synaptischer Kommunikation. Wozu ist also Selbstreflexion gut? Roth beschreibt die revolutionären Entwicklungen der Neurophysiologie der vergangenen Jahre als „Quantensprung", weil nachgewiesen werden konnte, dass z. B. psychische Traumatisierungen neurochemische Veränderungen hervorrufen, die wiederum Gehirnmechanismen maßgeblich verändern. So verändert sich die Empfindlichkeit gegenüber den Auswirkungen früherer Erfahrungen dahingehend, dass die Psyche durch den veränderten Mechanismus geschützt wird. Diese Veränderungen können sogar genetische Verankerungen hervorrufen, also die genetischen Voraussetzungen nachkommender Generationen beeinflussen. Sicher wird der Laie in den nächsten Jahren kaum in der Lage sein, die den zugrunde liegenden Empfindungen entsprechenden hirnphysiologischen Prozesse bei sich selbst analysieren und damit vorhersagen zu können. Für das Verständnis der eigenen Persönlichkeit und der damit verbundenen Denk- und Handlungsmuster allerdings können daraus sicher wertvolle Erkenntnisse gezogen werden. Beispielsweise könnte in der persönlichen Auseinandersetzung mit eigenem Jähzorn aktiv nach Lernprogrammen zur Vermeidung des eigenen „Verhaltensmechanismus" in entsprechenden Situationen geforscht werden, statt das Verhalten nur moralisch zu bewerten. Die durch Selbstreflexion gewonnene Multioptionalität des eigenen Verhaltens ist aus ökonomischer Perspektive die beste Voraussetzung für Handlungsfähigkeit in komplexen oder instabilen Situationen. Umgangssprachlich könnte man es so formulieren: Ich weiß, wo meine empfindlichen Stellen, meine überzeugenden Fähigkeiten und meine inneren Antreiber sind, kann all das in einen übergeordneten (situativen) Kontext bringen und treffe dementsprechend „richtige" Entscheidungen, die auch darin bestehen können, jemand anderen einzubeziehen, der die eigene Lernvergangenheit, also Prägung nicht teilt. Über die Kenntnis der eigenen Persönlichkeitsmerkmale hinaus kann so in einem Team oder einer Organisation der Reifegrad maßgeblich angehoben werden, was positive Effekte auf allen Arbeitsebenen zur Folge hat.

Lernziele
Nach Durcharbeitung dieses Kapitels sollten Sie

- Kenntnis von psychologischen Modellen der Persönlichkeit haben.
- erkennen, wo mögliche Stellschrauben einer gezielten persönlichen Entwicklung sind.

7.1 Historie der Selbstreflexion

Die Frage nach dem Sein stellt sich der Mensch, seit das Bewusstsein diesen komplexen Denkprozess ermöglicht. „Der Sinn von Persönlichkeit besteht in der wiedererkennbaren Selbstdarstellung. Das lateinisch-antike Wort Persona heißt übersetzt Theater-Maske. Jeder Mensch trägt seine Maske, jeder Mensch ist Darsteller seiner selbst, und die Welt ist eine Bühne" (Die Zeit 2014). Da die Existenz des Menschen zum großen Teil von seiner Interaktion mit der Umwelt abhängt, kommt dieser Maske eine große Bedeutung zu, denn sie entscheidet darüber, worauf die Umwelt reagiert. Allerdings ist die Persönlichkeit in unserer Begriffsdefinition weit mehr als nur die Maske. Den zahlreichen Definitionen in der Psychologie ist gemeinsam, dass sie „Persönlichkeit als eine komplexe Menge von einzigartigen psychischen Eigenschaften [betrachten], welche die für ein Individuum charakteristischen Verhaltensmuster in vielen Situationen und über einen längeren Zeitraum hinweg beeinflussen" (Gerrig und Zimbardo 2008, S. 504). Dabei ist es nicht nur das Ziel, Erkenntnisse über die Beschaffenheit der Persönlichkeit zu erlangen, sondern darüber hinaus auch Vorhersagen zu Verhaltensweisen und damit verbundene Lebensperspektiven treffen zu können. Insbesondere der zweite Aspekt ist von unzähligen umweltbedingten

7.1 Historie der Selbstreflexion

Variablen abhängig, die aktuell ebenfalls paradigmatischen Veränderungen unterworfen sind. Umso wichtiger ist es, wenigstens die Ausgangssituation (Beschaffenheit der Persönlichkeit) zu kennen.

Bevor die unterschiedlichen Modelle der psychologischen Persönlichkeitsanalyse vorgestellt und beschrieben werden, werfen wir einen Blick in die Schriften und Dialoge Platons und damit auf die Anfänge der Selbstreflexion. Am Anfang seines Buches Politeía lässt Platon die Figur des Sokrates das Höhlengleichnis erzählen. Danach befinden sich in einer unterirdischen Höhle Gefangene, deren Körper so festgebunden sind, dass sie ihre Köpfe nicht drehen und nur auf die gegenüberliegende Wand blicken können. Sie wissen auch nichts vom Ausgang und können weder sich selbst noch die anderen Gefangenen sehen. Das einzige, was sie sehen, ist die Wand gegenüber, auf der sich Schatten bilden. Diese stammen von einem Feuer außerhalb der Höhle und (nicht zu sehenden) Menschen, die eine Reihe von Gegenständen vorbeitragen. Für die Menschen in der Höhle entsteht damit der Eindruck, die Schatten seien handelnde Lebewesen. Da es sich bei diesen Annahmen um die gesamte Lebenswirklichkeit der Gefangenen handelt, versuchen sie, Muster darin zu erkennen und Prognosen daraus abzuleiten. Die Schatten werden zur Wirklichkeit. Würde man einer der Gefangenen befreien und aus der Höhle ans Tageslicht bringen, so entspräche das, was er dort wahrnähme nicht seiner Lebensrealität und er würde nicht daran glauben können, egal wie wohlwollend er an die vermeintliche Realität herangeführt würde. Nur sehr langsam und schrittweise könnte eine andere Erkenntnis der Dinge und ihrer Zusammenhänge reifen, was letztlich dazu führen würde, dass er kein Bedürfnis mehr verspüren würde, in die Höhle zurückzukehren. Ginge er trotzdem zurück an seinen Platz in der Höhle, so wäre seine Fähigkeit, Muster in den Schatten zu sehen und Prognosen daraus abzuleiten durch das „Wissen" um die andere, die „reale" Ordnung nur noch eingeschränkt vorhanden. Seine Höhlenmitbewohner könnten dann davon ausgehen, dass er sich bei seinem Ausflug wohl die Augen verdorben hätte, würden ihn belächeln und sich selber standhaft weigern, sich befreien zu lassen.

In diesem Gleichnis beschreibt Platon die uns umgebende Welt als Höhle, die wir mit allen unseren Sinnen wahrnehmen und in der wir agieren. Sie bildet damit unseren Kosmos, die Gesamtheit allen Existierenden. Ein Heraustreten aus diesem als real wahrgenommenen Umfeld ist für Platon ein Vordringen in eine geistige Stätte, wo sich die Ideen, also die Vorbilder der materiellen Phänomene befinden (intelligible Welt). In dieser geistigen Stätte gilt die Idee des Guten, die im Höhlengleichnis durch die Sonne repräsentiert wird, deren Licht die Schatten erzeugt, als höchstrangig. Platon führt aus, dass ein Mensch zur Idee des Guten vorgedrungen sein muss, um vernünftig (reflektiert, abgewogen, intuitiv) handeln zu können. Noch jenseits unseres heutigen Moralbegriffs, der in erster Linie von Immanuel Kant (1724–1804) geprägt wurde, spielt hier „das Gute" als angestrebtes Reflexionsniveau die entscheidende Rolle.

Ein weiteres historisches Vorbild moderner Persönlichkeitstheorien ist die „Lehre von den Temperamenten". In ihr werden vier verschiedene Persönlichkeitstypen nach ihren Grundmerkmalen eingeteilt: Choleriker, Melancholiker, Sanguiniker und Phlegmatiker. Der griechisch-römische Arzt Galenos von Pergamon entwickelte diese bis heute sehr gängige Typologie in Verbindung mit den Körpersäften. Je nach Dominanz eines der Körpersäfte bildet der Mensch sein Temperament aus. Der Choleriker gilt als reizbar und leicht erregbar, weil er eine große Menge gelber Gallenflüssigkeit (cholé) im Körper hat. Der Melancholiker ist durch die schwarze Gallenflüssigkeit (melas cholé) eher traurig und nachdenklich. Viel Blut (sanguis) im Körper lässt den Sanguiniker heiter und aktiv sein und der Schleim (phlegma) im Körper des Phlegmatikers macht ihn passiv und schwerfällig. Diese grundlegende Klassifizierung in vier unterschiedliche Persönlichkeitstypen hat sich über die Zeit in der allgemeinen Vorstellung der Persönlichkeitstypen offenbar durchgesetzt. Noch heute sagt man Menschen nach, sie hätten eine phlegmatische oder cholerische Natur, wobei der vordergründige Zusammenhang zwischen physischen Merkmalen und Persönlichkeitstypen jedoch widerlegt ist.

Die aktuelle psychologische Persönlichkeitsforschung richtet sich dagegen nicht mehr auf die Entdeckung von Persönlichkeitstypen aus, sondern versucht, eine Vielzahl verschiedener Persönlichkeitsmerkmale voneinander abzugrenzen. Grundsätzlich geht man heute davon aus, dass eine einzigartige Kombination verschiedener Persönlichkeitsmerkmale und ihre unterschiedlichen Ausprägungen letztlich die Individualität eines Menschen ausmachen. Welche Theorien und Modelle sich daraus ableiten lassen, soll im folgenden Kapitel beschrieben werden.

7.2 Psychologische Modelle und Theorien

„Sie ist halt ein aufbrausender Typ." Diese oder ähnliche Aussagen kommen uns alltäglich über die Lippen. Im sozialen Miteinander scheint es „eine natürliche Tendenz bei Menschen zu geben, das eigene Verhalten und das Verhalten anderer in unterschiedliche Kategorien einzuordnen" (Gerrig und Zimbardo 2008, S. 505). Durch die Erklärbarkeit einer inneren Logik der Persönlichkeit beziehen wir Vorhersagen über potenzielle Interaktionen und gewinnen darüber Handlungsfähigkeit. Wenn ich „weiß", wie jemand ist, weiß ich auch, wie ich mich ihm gegenüber verhalten muss. Menschen sind also darauf angewiesen, sich schnell ein Bild ihrer Interaktionspartner zu machen, um Sicherheit für das eigene Verhalten zu erlangen. Das Verhalten anderer Menschen in Gänze zu verstehen und zu durchdringen ist im Alltagshandeln jedoch nicht zu bewältigen, so dass wir diesen Prozess rigoros vereinfachen. Über die Zeit entwickelt jeder für sich ein recht umfangreiches Schema seiner Persönlichkeitsdeutungen, so dass man sich sehr sicher in der Zuweisung bestimmter Persönlichkeitseigenschaften ist. Doch genügt dieser individuelle und sehr subjektive Deutungsansatz natürlich keiner wissenschaftlichen Prüfung. Wie zuvor beschrieben, gab es bereits sehr frühe Ansätze, Persönlichkeitstypen zu beschreiben. Die in Abschn. 7.1 beschriebene Theorie der Körpersäfte hatte Jahrhunderte lang Bestand.

Im Laufe des 20. Jahrhunderts gab es verschiedene Ansätze, die Persönlichkeit allgemeingültig und wissenschaftlich valide zu beschreiben. Dabei versuchte man, Verbindungen zwischen anderen körperlichen Merkmalen und bestimmten Persönlichkeitstypen zu finden (Sheldon und Stevens 1942) oder auch die sozialen Bedingungen, z. B. die

7.2 Psychologische Modelle und Theorien

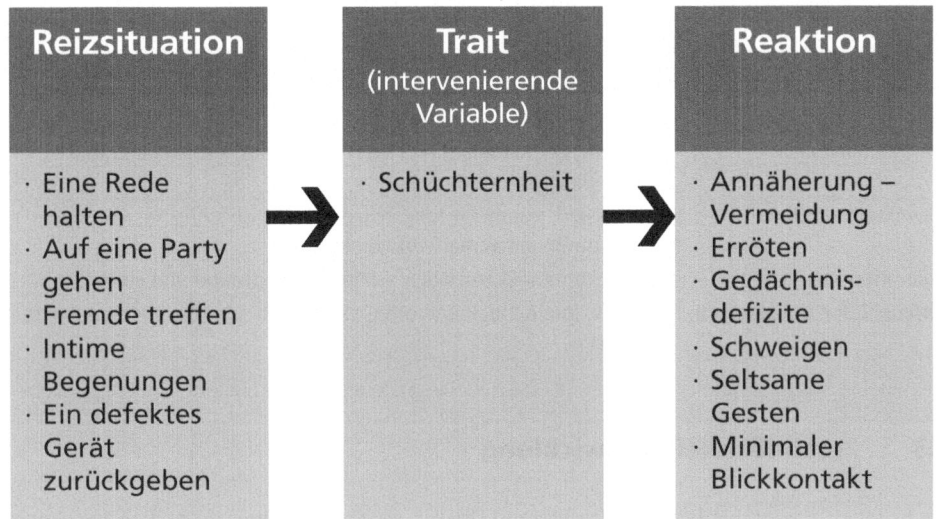

Abb. 7.1 Charaktertraits am Beispiel von Schüchternheit nach Gerrig und Zimbardo (2008)

Geburtsreihenfolge, als Ursache für die Ausbildung bestimmter Typen heranzuziehen (Sulloway 1996). Gordon Allport (1966) wich erstmals von dem Versuch ab, eine umfassende Beschreibung eines Typs zu liefern und brachte den Begriff der Traits in die Forschung ein, die als Bausteine der Persönlichkeit für mehr Flexibilität in der Beschreibung menschlicher Persönlichkeit sorgte. Dabei ging er davon aus, dass die Individualität des Menschen in der unterschiedlichen Kombination von Traits zu finden ist, was auch erklärt, wie es zu völlig unterschiedlichen Reaktionen auf den gleichen Reiz kommen kann (intervenierende Variable, siehe Abb. 7.1).

Doch wie kam man auf die Beschreibung der Traits oder Merkmale? Und welche Rolle spielt dabei die Sprache (Semantik)? Allport suchte alle Adjektive aus Websters Lexikon der englischen Sprache, die ein menschliche Eigenschaften beschreiben und eine unterscheidende Aussage haben (man hat diese Eigenschaft in einer bestimmten Ausprägung im Gegensatz zu jemand anderem oder man hat sie nicht). Über 18.000 Adjektive bilden die Grundlage für die Bildung von Kategorien/Dimensionen, die individuelle Unterschiede von Menschen beschreiben. Raymond Cattell (1979) verdichtete die Wortliste in 16 Source Traits als Quelle (source) menschlichen Verhaltens. Hans Eysenck (1973) fand nur drei Dimensionen: die Extraversion (nach innen vs. nach außen orientiert), Neurotizismus (emotional stabil vs. instabil) und Psychotizismus (freundlich, rücksichtsvoll vs. aggressiv, asozial). Darüber hinaus integrierte er die alte Temperamentenlehre der Körpersäfte in sein Modell. Eysencks Modell bildet bis heute die Grundlage der Persönlichkeitsforschung. Allerdings kamen zu Eysencks drei Dimensionen durch weitere Forschungsansätze zwei Dimensionen hinzu: Das Fünf-Faktoren-Modell (s. Tab. 7.1) gilt heute als Grundlage für Persönlichkeitsanalysen und -tests und ist universell (über unterschiedliche Kulturen hinweg) als valide zu bezeichnen.

Tab. 7.1 Das Fünf-Faktoren-Modell nach Gerrig und Zimbardo (2008)

Faktor	Bipolare Definition
Extraversion	Gesprächig, energiegeladen und durchsetzungsfähig vs. ruhig, zurückhalten und schüchtern
Verträglichkeit	Mitfühlend, freundlich und herzlich vs. kalt, streitsüchtig und unbarmherzig
Gewissenhaftigkeit	Organisiert, verantwortungsbewusst und vorsichtig vs. sorglos, leichtsinnig und verantwortungslos
Neurotizismus	Stabil, ruhig und zufrieden vs. ängstlich, instabil und launisch
Offenheit für Erfahrungen	Kreativ, intellektuell und offen vs. einfach, oberflächlich und nicht intelligent

7.3 Persönlichkeitsentwicklung

„Jede Theorie, welche die Persönlichkeit als stabil, als fest und unveränderlich betrachtet, ist falsch" sagt Gordon Allport (vgl. Rebay 2014, S. 9). Als wegweisender Forscher und Initiator einer modernen Sicht auf das Konstrukt der Persönlichkeit betont er die Wirkung innerer wie äußerer Einflussfaktoren und lässt keinen Zweifel daran, dass jedes Individuum als einzigartig zu beschreiben ist. Die Entwicklung einer Persönlichkeit geschieht seiner Ansicht nach hauptsächlich in menschlichen Beziehungen, auch wenn gewisse Persönlichkeitsmerkmale als Voraussetzung für konsistentes Verhalten auch ohne die Anwesenheit anderer vorhanden sind. Für Allport wie für alle humanistisch orientierten Forscher ist „das Werden" das oberste Ziel jedes Menschen. Die Entwicklung der eigenen Persönlichkeit und der damit verbundenen Eigenschaften, Fähigkeiten und Kompetenzen ist damit ein Urbedürfnis und ein treibendes Element im Leben des Individuums. Er nennt dies auch Selbstaktualisierung. Es scheint also ein dem Menschen innewohnendes Bedürfnis zu sein, sich in seiner Persönlichkeit im Laufe des Lebens zu entwickeln, ob bewusst oder unbewusst.

So kompliziert es ist, den Begriff der Persönlichkeit und deren tatsächliche Beschaffenheit eindeutig zu definieren, so schwierig ist es auch, sich im weiten Feld der Persönlichkeitsentwicklung zu orientieren. Eine enorme Vielfalt von Theorien und trivialen Ansätzen erschwert es, sich auf dem Markt potenzieller Anbieter von Persönlichkeitsentwicklungsmaßnahmen zurecht zu finden. Dem zu Grunde liegen ein unendliches Sammelsurium unterschiedlicher Menschenbilder und einige dubiose Geschäftsmodelle. Nicht selten wird mit Erfüllung, Glück und ewigem Wohlbefinden geworben. Leider führen diese Angebote selten zum erhofften Erfolg. Mit relativ simplen Methoden wird dabei auf der Klaviatur menschlicher Grundbedürfnisse nach Akzeptanz und Anerkennung gespielt. Doch wie kann eine seriöse Persönlichkeitsentwicklung wirklich aussehen? Welche Ansätze und Ziele sind tatsächlich geeignet, beispielsweise die Bereiche der Persönlichkeit zu stärken, die mit den aktuellen Führungsanforderungen korrespondieren? Oder welche Fähigkeiten können trainiert werden, um in einem bestimmten Bereich überdurchschnittlich gut, innovativ, erfolgreich zu werden?

7.3 Persönlichkeitsentwicklung

Als erster Schritt auf diesem Weg ist eine Diagnostik sicher unumgänglich. Selbstreflexion mag erste Hinweise geben, ersetzt jedoch kein valides Testverfahren. Neben allgemeinen Persönlichkeitstests, wie dem NEO-PI-R (NEO Persönlichkeitsinventar nach Costa und McCrae) oder dem NEO-FFI (NEO Fünf Faktoren Inventar), die auf dem Modell der Big Five (s. Abb. 7.2) basieren, gibt es weitere Tests zur Messung unterschiedlicher Persönlichkeitsmerkmale im Kontext Berufstätigkeit. So misst das Bochumer Inventar zur berufsbezogenen Persönlichkeitsbeschreibung (BIP) insgesamt auf 14 Dimensionen die persönlichen „Eignungsvoraussetzungen wie Arbeitsverhalten (Gewissenhaftigkeit, Flexibilität, Handlungsorientierung), Berufliche Orientierung (Leistungsmotivation, Gestaltungsmotivation, Führungsmotivation) und Soziale Kompetenzen (Sensitivität, Kontaktfähigkeit, Soziabilität, Teamorientierung, Durchsetzungsstärke)." Darüber hinaus wird die psychische Konstitution (Emotionale Stabilität, Belastbarkeit, Selbstbewusstsein) ermittelt (Testzentrale 2016). Obwohl diese Tests auf unterschiedlichen psychologischen Modellen der Persönlichkeit beruhen, zeigen sie doch eine hohe Validität untereinander. Zur Durchführung solcher Testverfahren ist es ratsam, über psychologische Grundkenntnisse zu verfügen und Erfahrung in der Durchführung zu besitzen. Entsprechende Manuale und/oder Software sind bei der Testzentrale des Hogrefe Verlags erhältlich.

Einige, besonders in der Psychotherapie verwendete Tests, wie z. B. der Rorschach-Test oder der Wartegg-Zeichentest, entsprechen erwiesenermaßen nicht den Gütekriterien psychodiagnostischer Verfahren. Solcher Art projektiver Tests können zwar als Gesprächsinitiator, keinesfalls jedoch als Diagnoseinstrument genutzt werden.

Besonders die sogenannten Eignungstests zeigen ein differenziertes Bild der (überfachlichen) Eigenschaften und Merkmale von Persönlichkeiten, die beispielsweise für eine bestimmte Führungsaufgabe notwendig sind und bieten damit eine gute Grundlage für Entwicklungsmaßnahmen. Vor dem Hintergrund der in Abschn. 6.1 beschriebenen Führungstypen müssen daher zunächst Kriterien entwickelt werden, die jeweils in ihrer Ausprägung messbar sind. Z. B.: Über welche persönlichen Eigenschaften/Merkmale muss eine Person verfügen, die dem zukünftig zu erwartenden Führungstypus „Stimulation von Netzwerkdynamik" entspricht? Einige Aspekte wurden bereits in der Auswertung der Tiefeninterviews deutlich. Beispielsweise lässt eine solche Person „viel Raum für Eigeninitiative und begünstigt die ungehinderte, hierarchiefreie Vernetzung zwischen allen Akteuren im Unternehmen" und vertraut auf die grundsätzliche Fähigkeit von Menschen und Systemen zur Selbstorganisation. Im Sinne einer systematischen Persönlichkeitsentwicklung müsste man also herausfinden, a) ob sich diese Eigenschaften beispielsweise auf den 14 Dimensionen des BIP (oder eines vergleichbaren Tests) abbilden lassen, b) welche Kriterien evtl. fehlen und c) wie diese Kriterien gemessen werden können.

Ein anderes Vorgehen ist jedoch weitaus pragmatischer: Eine grundlegende Voraussetzung für die Leistungsfähigkeit eines Unternehmens oder einer Institution ist die Reflexions- und Anpassungsfähigkeit ihrer Akteure. Die Tendenz, mehr über sich selbst, seine Persönlichkeit und psychische Beschaffenheit zu erfahren, liegt aktuell im Trend. Assessment Center und Potenzialanalysen liefern erste wertvolle Informationen, um eine gute

Personalauswahl vorzunehmen zu können. Auch das sogenannte Profiling zur beruflichen Orientierung zeigt grundlegende Merkmale auf, die Hinweise auf Entwicklungsmöglichkeiten geben. Die Fähigkeit und der Wille zur Selbstreflexion sind demnach gute Voraussetzungen für Führungsverantwortung, da erst durch Selbstreflexion ein geschärfter Blick und eine Beurteilungskompetenz im Hinblick auf die eigenen Fähigkeiten und die Kompetenzen anderer möglich ist. So entsteht im Sinne der Kultur (s. Kap. 6) ein Arbeitsumfeld, das unabhängig von persönlichen Vorlieben und Restriktionen über den Diskurs zur schnellen Anpassungsfähigkeit gelangt. Das gelingt nur, wenn über die Bereitschaft zur Persönlichkeitsentwicklung des Einzelnen die Tür zu einem völlig neuen Verständnis kollektiver Wirkungsfähigkeit geöffnet wird. Hier genau liegen die Antworten auf die Fragen: Wie wollen wir in Zukunft arbeiten? In welcher Gemeinschaft wollen wir in Zukunft leben? Über die Selbstorganisation entsteht nach und nach der Paradigmenwechsel, dessen Ergebnis wir zwar noch nicht beschreiben können, der aber gleichwohl notwendig ist, um den zukünftigen Anforderungen der zunehmenden Dynamik gerecht zu werden.

7.4 Selbstcoaching

Die Studie „Gute Führung" (s. Kap. 6) zeigt, wie die Befragten die Zukunft der Führung sehen: Durch eine jahrelange Stagnation in der Anpassung an gesellschaftliche wie ökonomische Entwicklungen und der damit verbundenen Konzentration auf Ertrag und Gewinn ist aus ihrer Sicht ein Paradigmenwechsel notwendig, der den Herausforderungen der dynamischen Entwicklung gerecht wird. Das bedeutet, dass nicht nur jede einzelne Führungskraft ihre grundlegenden Denk- und Verhaltensmuster ändern muss; damit einhergehen muss auch ein kollektives Bewusstsein für die Notwendigkeit dieses radikalen Wandels.

Wie potenzielle Strukturveränderungen den Paradigmenwechsel beschleunigen, zeigen aktuelle Projekte wie z. B. „Augenhöhe" (Augenhöhe 2016). Hier werden systematisch innovative Organisationsformen dokumentiert und die darin zur Wirkung kommenden Ansätze mit anderen Organisationen diskutiert. So entstehen an unterschiedlichen Orten kreative Veränderungszellen, die wiederum Netzwerke bilden können und damit die Veränderungsgeschwindigkeit im Sinne eines Paradigmenwechsels fördern. Zunächst schauen wir aber auf die Möglichkeiten des Selbstcoachings, also der individuellen Anpassung durch Kompetenzerwerb ohne die Hilfe eines externen Coaches:

Voraussetzung für das Selbstcoaching ist die Einsicht in die Notwendigkeit der eigenen Entwicklung und ein Zukunftsbild, das diese Notwendigkeit stützt. Als Definition des Begriffs „Selbstcoaching" soll hier in Anlehnung an die Formulierung des Deutschen Verbands für Coaching und Training (dvct) gelten: Die Person bestimmt das eigene Entwicklungsziel und begibt sich eigenverantwortlich in einen Prozess, der ihr Erkenntnisse und Handlungsalternativen eröffnet. Dabei ist sie sich darüber im Klaren, dass seine Handlungsveränderung in einer Wechselwirkung mit seiner Umwelt steht. Das Vorgehen ist strukturiert, von klaren und messbaren Zielen geleitet und auf die eigenen Bedürfnisse zugeschnitten.

7.4 Selbstcoaching

Abb. 7.2 Die logischen Ebenen nach O'Connor und Seymour (2015)

Als vielseitiges Analyse- und Interventionsinstrument bietet sich das Modell der logischen Ebenen von Robert Dilts (s. Abb. 7.2) an. Auch als „Modell der Veränderung" bekannt, gliedert es die verschiedenen Ebenen des Denkens, wobei sich diese Ebenen gegenseitig stark beeinflussen.

Besonders beeindruckend an diesem Modell ist die Vielseitigkeit der Einsatzmöglichkeiten. So kann z. B. über das Abschreiten der logischen Ebenen ein Ziel entwickelt werden, eine Problemlösung herbeigeführt oder eine Standortbestimmung vorgenommen werden. Tiefere Einblicke in die Anwendung der Logischen Ebenen bieten O'Connor und Seymour (2015).

Darüber hinaus ist in vielen Unternehmen die selbstständige und gezielte Kompetenzentwicklung Teil des Personalentwicklungskonzepts. In den letzten 25 Jahren wuchs die Überzeugung, dass selbst gewählte Lernprozesse eine größere Wirkung zeigen als vorgegebene und außerdem selbstverständlich auch billiger sind. Durch herausfordernde Projekte sollen z. B. Führungskräfte im Rahmen des 70/20/10-Modells angeleitet werden, die Verantwortung ihrer Kompetenzentwicklung selbst zu übernehmen. 70 % sind in diesem Modell der Anteil der Eigenleistung, d. h., Verhaltens- und Einstellungsänderung, die nur von der Person selber vorgenommen werden können. 20 % der Entwicklung basieren auf Strategien, die das berufliche Umfeld betreffen. So kann man sich ein Rollenmodell suchen oder im direkten Kontakt mit Kollegen die entsprechenden Kompetenzen erlernen. Nur 10 % des Kompetenzzuwachses erfolgen laut dieses Modells durch Weiterbildungen, Trainings, Coachings und andere Personalentwicklungsmaßnahmen. Viele Unternehmen machen recht gute Erfahrungen mit diesem Modell und vereinbaren und überprüfen in Personalgesprächen Ziele mit Hilfe der 70/20/10-Methode.

> **Resümee**
>
> Die Frage nach der Beschaffenheit des menschlichen Geistes, dem, was das Menschsein ausmacht, wurde seit den Anfängen in der Philosophie intensiv behandelt. Die moderne Psychologie hat auf der Grundlage verschiedener Menschenbilder Theorien und Testverfahren entwickelt, um valide Aussagen über das individuelle Persönlichkeitsinventar zu tätigen. Selbstkenntnis, Flexibilität und Entwicklungsbereitschaft sind fundamentale Voraussetzungen zur Persönlichkeitsentwicklung. Im Umgang mit komplexer Dynamik sind jene Personen im Vorteil, die ihre Entwicklungsmöglichkeiten und -grenzen über das eigene Persönlichkeitsinventar hinaus kennen und damit den Herausforderungen einer Führungsfunktion in instabilen Situationen gewachsen sind. Dabei führt der direkteste Weg der Entwicklung über das Selbstcoaching. Mit Hilfe der logischen Ebenen nach Dilts können beispielsweise Einstellungs- und Verhaltensalternativen erkannt und umgesetzt werden. Zeitgemäße Personalentwicklungskonzepte tragen dazu bei, den Anteil des Selbstcoaching in Kombination mit weiteren Maßnahmen in die Führungskräfteentwicklung zu erhöhen.

> **Kontroll- und Lernfragen**
>
> - Wie viel Selbstreflexion darf sein und muss sein für eine Führungskraft der Gegenwart?

Literatur

Allport, G. W. (1966). Traits revisited. *American Psychologist, 21*, 1–10.
Augenhöhe. (2016). AUGENHÖHE – Film und Dialog. http://augenhoehe-film.de/de/home/. Zugegriffen am 11.02.2016.
Cattell, R. B. (1979). *Personality and learning theory, vol. 1: The structure of personality in its environment*. New York: Springer.
Die Zeit. (2014). www.zeit.de/zeit-wissen/2014/04/persoenlichkeit-charakter-individualismus. Zugegriffen am 14.02.2016.
Eysenck, H. J. (1973). *The measurement of intelligence*. Baltimore: Williams & Wilkins.
Gerrig, R. J., & Zimbardo, P. G. (2008). *Psychologie* (18. Aufl.). München: Pearson.
O'Connor, J., & Seymour, J. (2015). *Neurolinguistisches Programmieren – Gelungene Kommunikation und persönliche Entfaltung* (22. Aufl.). Kirchzarten: VAK.
Rebay, R. (2014). *Wer bin ich? Wo will ich hin? – 7 Schritte zu einer starken Persönlichkeit*. München: Beck.
Roth, G., & Strüber, N. (2014). *Wie das Gehirn die Seele macht*. Stuttgart: Klett-Cotta.
Sheldon, W. H., & Stevens, S. S. (1942). *The varieties of temperament: A psychology of constitutional differences* (1. Aufl.). New York: Harper & Brothers.
Sulloway, F. J. (1996). Birth order. In M. A. Runco & S. R. Pritzker (Hrsg.), *Encyclopedia of creativity 1* (S. 189–202). San Diego: Academic.
Testzentrale. (2016). www.testzentrale.de/programm/bochumer-inventar-zur-berufsbezogenen-personlichkeitsbeschreibung.html. Zugegriffen am 15.02.2016.

Führung in einer vernetzten, multioptionalen Welt

8

Zusammenfassung

Kurt Lewin (1890–1947), Psychologe und Mitbegründer der experimentellen Sozialpsychologie, untersuchte verschiedene Führungsstile. Auf seine Studien geht die Klassifikation in den autoritären, den kooperativen, demokratischen und den Laissez-faire-Führungsstil zurück. Es ist nicht wirklich verwunderlich, dass Kurt Lewin mit seiner Feldtheorie (1963) auch die Grundlage des systemischen Denkens in den Sozialwissenschaften gelegt hat. In seinem Ansatz, die Dynamik menschlicher Interaktion sichtbar zu machen, taucht auch erstmals der Begriff der Gruppendynamik auf. Ausgehend von der These, dass menschliches Verhalten in Gruppen bestimmten Regeln folgt, ist Führung ein besonders wichtiger Aspekt. Die von Lewin abgeleiteten Führungsstile beschreiben eine Art von Typologie, an der man sich als potentielle Führungskraft orientieren kann, um ein vorgegebenes Ziel durch das eigene Führungsverhalten in Teams, Gruppen oder Organisationen zu erreichen (vgl. Abschn. 8.1). In Gablers Wirtschaftslexikon wird Führung dementsprechend wie folgt definiert: „(…) durch Interaktion vermittelte Ausrichtung des Handelns von Individuen und Gruppen auf die Verwirklichung vorgegebener Ziele; beinhaltet asymmetrische soziale Beziehungen der Über- und Unterordnung.

Neben der Orientierung auf die Erreichung von Zielen durch Individuen und Gruppen in Organisationen, Unternehmen, Betrieben etc. bestehen Führungsfunktionen in der Motivation der Mitarbeiter (Untergebenen) und in der Sicherung des Gruppenzusammenhalts. Führung wird allg. als psychologische und soziale Fähigkeit einer Person im Umgang mit Menschen betrachtet. Neben Persönlichkeitseigenschaften des Vorgesetzten haben weitere Faktoren wie die fachliche Autorität, die situativen Bedingungen, der Einsatz von Führungstechniken und die sozialen Beziehungen eine entscheidende Bedeutung für eine erfolgreiche Führung, die dadurch zu einem komplexen sozialen Prozess wird.

Führungskompetenz ist durch die formelle Organisation definiert und abgegrenzt (formelle Führung). In Arbeitsgruppen kann sich eine informelle Führung herausbilden; diese erfolgt durch Mitarbeiter ohne formelle Führungsposition, die aufgrund ihrer Persönlichkeit, Fachkompetenz und Erfahrung bes. geachtet werden und daher Einfluss ausüben."

Um den „komplexen sozialen" Prozess, der Führung zugrunde liegt, nachvollziehen zu können, hilft es, zunächst die theoretischen Ansätze und grundlegenden Führungsmodelle kennenzulernen.

> **Lernziele**
> Nach der Durcharbeitung dieses Kapitels sollten Sie
>
> - die unterschiedlichen Formen von Führungsmodellen identifizieren können.
> - die veränderten Herausforderungen an Führung nachvollziehen können.
> - die verschiedenen Führungstypen und deren Herleitung kennen.

8.1 Ansätze und Formen von Führung

Führung, genauer gesagt personelle, direkte Führung, d. h. die zielgerichtete Einwirkung von einem (hierarchisch höher stehenden) Akteur einer Organisation auf andere Akteure in der Organisation, ist bereits seit der Antike Gegenstand des Schrifttums (vgl. Berthel und Becker 2013, S. 163). Zunächst wurde von der Eigenschaftstheorie der Führung ausgegangen, nach der erfolgreiche Führung weitgehend auf die Eigenschaften der Führungsperson zurückgeführt wurde. Dieser Ansatz hat ihren Ursprung in einer sozialdarwinistischen Ethik und besagt, dass es bestimmter intellektueller, psychischer und sozialer Kompetenzen bedarf, um erfolgreich führen zu können. Die Eigenschaftstheorie ist heute nicht vollständig aus der Führungsforschung verschwunden, sondern findet sich in Konzepten des charismatischen Führers und der Attributionstheorien der Führung wieder (vgl. Staehle et al. 1999, S. 331 ff.). Auch könnte man in den relativ populären Konzepten der Schlüsselqualifikationen, wie sie z. B. in Assessment-Centern geprüft werden, eine Renaissance eigenschaftstheoretischer Vorstellungen sehen (vgl. Neuberger 2002, S. 51). Davon abgesehen gibt es aber seit Mitte des 20. Jahrhunderts einen allgemeinen Wandel in der Organisations- und Führungslehre vor dem Hintergrund der sozialen, politischen und technologischen Veränderungen, die auf die Defizite der Eigenschaftstheorie hinweisen. So vernachlässigt ein solcher Erklärungsansatz beispielsweise die Relevanz der Situation, in der geführt wird, und die bedeutende Rolle der Geführten. Darüber hinaus basieren diese Konzepte auf der Annahme zeitlicher Kontinuität, die bei steigender Komplexität und Dynamik durch die hohe Wahrscheinlichkeit von plötzlich eintretenden Ereignissen nicht mehr gegeben ist.

8.1 Ansätze und Formen von Führung

Neuberger (2002, S. 51 ff.) identifiziert insgesamt neun Gruppen von (älteren und jüngeren) Erklärungsansätzen für den Erfolg von Führung, die im Folgenden skizziert werden.

Eigenschaftstheorie der Führung Wie bereits oben erläutert, führt die Eigenschaftstheorie den Erfolg von Führung auf die Persönlichkeit der Führungskraft zurück. Weder die situativen Bedingungen noch Wechselwirkungen mit den Geführten oder die eventuelle Aktualisierung der Eigenschaften im Verhalten (Führungsstil) finden in diesem Ansatz Berücksichtigung. Das Erklärungsschema lautet: Wer bestimmte Eigenschaften hat, wird erfolgreich führen.

Rollentheorie der Führung Im rollentheoretischen Ansatz der Führung steht die Führungskraft im Mittelpunkt der Erwartungen unterschiedlicher Akteure innerhalb und außerhalb der Organisation. Die Führungskraft muss diese unterschiedlichen und zum Teil gegensätzlichen Erwartungen ausbalancieren und ihr Verhalten daran orientieren. Gleichzeitig muss sie ihre eigene Identität entwickeln. Somit kann die Erfüllung der Erwartungen bestimmter Akteure als Erfolg definiert werden, weitere Erfolgskriterien werden in der Rollentheorie der Führung nicht ausgeführt.

Führungsstil Die Führungsstilforschung geht davon aus, dass der Führungsstil, also das längerfristig relativ stabile und weitgehend situationsabhängige Verhaltensmuster der Führungskraft, maßgeblich für den Erfolg ist. Obwohl angenommen wird, dass der Führungsstil seine Wirkung erst über seine Einwirkung auf die Geführten entfaltet wird, spielen diese keine eigenständige Rolle. Neben Lewins Typologie von Führungsstilen (s. o.) wird zwischen folgenden idealtypischen Führungsstilen unterschieden (vgl. Staehle et al. 1999, S. 335 f.):

- patriarchalischer Führungsstil
- charismatischer Führungsstil
- autokratischer Führungsstil
- bürokratischer Führungsstil

Situative Führungstheorie In der situativen Führungstheorie werden im Gegensatz zu den bisher vorgestellten Ansätzen Einflüsse durch die Situation, die Geführten und die Thematik, auf die sich Führung bezieht, ausdrücklich berücksichtigt. Zum Beispiel wird eine Beziehung zwischen Führungsstil und Erfolg durch situative Bedingungen explizit hergestellt. Die erste Variante der situativen Führungstheorien (vgl. Neuberger 2002, S. 52) behandelt die Auswirkungen unterschiedlicher Situationsausprägungen auf den Erfolg eines Führungsstils. In der zweiten Variante bestimmt die Situation den Führungsstil, das heißt, es wird versucht, für jede typische Ausprägung der situativen Variablen den passenden Führungsstiltyp zu beschreiben.

Gruppendynamische Führungstheorie und Interaktionstheorie In den gruppendynamischen und Interaktionstheorien der Führung stehen die Interaktionen zwischen allen am

Führungsprozess Beteiligten, also sowohl der Führungskraft als auch Geführten, im Mittelpunkt der Analyse. Ziel ist es, die Dynamik dieser Interaktionsbeziehungen zu erfassen und auch die Rollenverteilungen innerhalb der Geführten zu analysieren. Dabei können neben der formal ernannten Führungskraft auch andere, beispielsweise besonders beliebte oder tüchtige, Akteure eine gewisse Führungsrolle übernehmen.

Erwartungs-Valenz-Theorie In der motivationstheoretisch geprägten Erwartungs-Valenz-Theorie wird Führung vom Standpunkt der Geführten aus betrachtet. Man geht davon aus, dass die Leistungsanstrengungen der Geführten davon abhängen, in welchem Ausmaß sie davon überzeugt sind, dass diese Anstrengungen zum Erfolg führen (Erfolgswahrscheinlichkeit), und welchen Wert sie dem Erfolg beimessen (Erfolgsvalenz). Die Aufgabe der Führungskraft besteht darin, sich in die Geführten hineinzudenken. Der Erfolg von Führung kann in diesem Modell nur indirekt von der Führungskraft beeinflusst werden, indem sie versucht, die Erfolgswahrscheinlichkeit und -valenz für die Geführten zu beeinflussen.

Lerntheorie Führung kann auch in der Weise verstanden werden, dass die Führungskraft durch klare Anweisungen Reize für das gewünschte Verhalten der Geführten setzt und dieses Verhalten durch Belohnungen verstärkt bzw. ein Ausbleiben negativ sanktioniert wird. Diesem Führungsverständnis liegen lerntheoretische Ansätze aus dem Behaviorismus zugrunde. Außerdem basieren sie auf der hierarchischen Macht der Führungskraft, die es ihr erlaubt, Ziele auch gegen den Willen der Geführten durchzusetzen (Naegler 2014, S. 274). Der Erfolg von Führung wird im Rahmen dieses Modells durch die Fähigkeiten der Geführten und durch Umwelteinflüsse mitbeeinflusst.

Attributionstheorie Wie bei der Erwartungs-Valenz-Theorie versucht die Führungskraft nach der Attributionstheorie zu verstehen, welche (Führungs-)Einflüsse die Geführten zu einem bestimmten Verhalten veranlassen, und richtet ihr Führungsverhalten entsprechend dieser Analyse aus. Attribution wird hierbei so verstanden, dass die Führungskraft den Geführten bestimmte Ursachen für ihr Handeln zuschreibt, die sie dann auf ihr Führungsverhalten überträgt.

Kybernetische Führungstheorie Im kybernetischen Ansatz der Führung wird Führung analog dem Modell einer sich durch Rückkopplung selbst regulierenden Maschine analysiert. Es wird davon ausgegangen, dass Führung immer wieder nachjustiert bzw. im Sinne einer rollierenden Planung bzgl. ihrer Ergebnisse kontrolliert und evtl. angepasst werden muss. Das Verhalten der Geführten ist der Prozess, auf den eingewirkt werden muss, um die gewünschten Ziele zu erreichen. Die aktuellen Auswirkungen werden laufend kontrolliert und mit den gesetzten Vorgaben verglichen. Liegt eine Diskrepanz vor, wird das Führungsverhalten nachjustiert und die Auswirkungen erneut kontrolliert. Dabei werden externe Einflüsse, wie beispielsweise eine Verschlechterung der konjunkturellen Lage oder eine Veränderung der Arbeitsaufgaben, mit berücksichtigt.

8.1 Ansätze und Formen von Führung

Auch wenn in einigen vorliegenden Ansätzen bereits von Führung als einem komplexen sozialen Prozess ausgegangen wird, gilt es dennoch festzuhalten, dass diese (nicht näher beschriebene) Komplexität in den letzten Jahren einen enormen Schub erhalten hat. Die Dynamisierung der Märkte ist dabei ebenso eine Ursache wie ein grundlegender Wertewandel in unserer Gesellschaft, dessen Speerspitze wir derzeit mit der so genannten Generation Y und ihren neuen unternehmenskulturellen Erwartungen und Zielen zu analysieren versuchen.

Wie Abb. 8.1 zeigt, ist die Situation für Führungskräfte „durch eine neue Qualität von Unsicherheit, Ungewissheit, und Uneindeutigkeit gekennzeichnet […]" (Geramanis und Hermann 2016: VII). Und wer hat die Schuld? – Wenn es doch nur so einfach wäre! Als Ursache für die Unüberschaubarkeit der Situation machen Experten die „komplexe Dynamik der Netzwerke" verantwortlich, die die „Spielregeln in Wirtschaft und Gesellschaft (verändert)" (Kruse und Schomburg 2016, S. 3). Und wenn sich die Vernetzungsdichte erhöht, steigt gleichzeitig die Wahrscheinlichkeit so genannter Selbstverstärkungsprozesse, bei denen sich Systeme schnell aufschaukeln in eine Richtung, die nicht abzusehen war. Beispiele hierfür findet man im Internet reichlich: Innerhalb kürzester Zeit verbreiten sich Videoclips im Netz, werden Internetstars berühmt, werden Moden und Hypes erzeugt, die ganze Wirtschaftszweige hervorbringen oder auch zerstören können. „Macht verschiebt sich vom Anbieter hin zum Nachfrager, auch innerhalb von Unternehmen." (Kruse und Schomburg 2016, S. 3). Das wiederum hat große Auswirkungen auf die Strategie (Erfolgskonzepte und Planungshorizonte) und die Hierarchie (die klassische

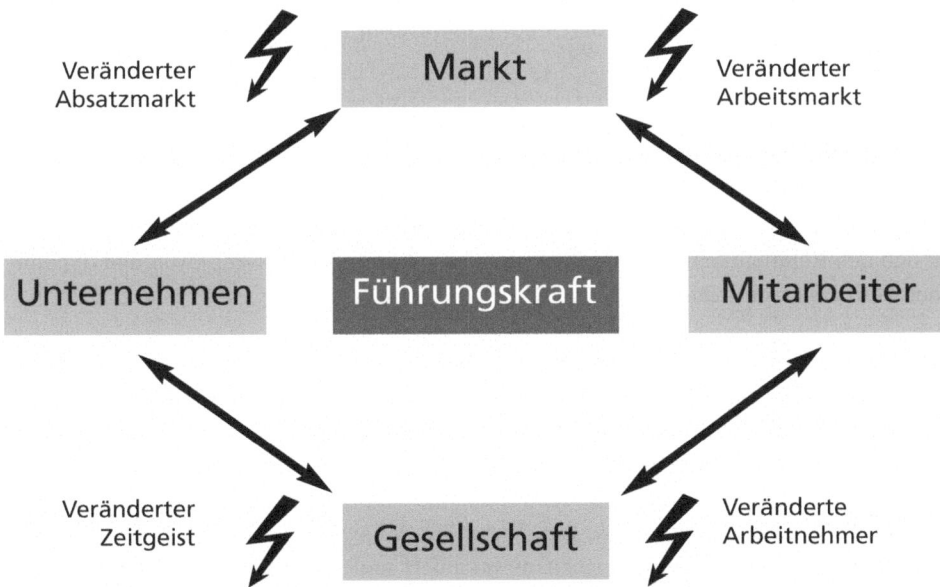

Abb. 8.1 Die neuen Anforderungen an eine Führungskraft

Linienhierarchie ist zu starr, um schnell und effektiv die notwendige Innovationskraft bereit zu stellen).

Gefragt ist eine Kompetenz, die bisher dem Diktat von Zielen, Planung, Controlling völlig unterlag: Die „professionelle Gestaltung ergebnisoffener Prozesse" (Kruse und Schomburg 2016, S. 3) wird zur zentralen Führungskompetenz neben der Förderung wettbewerbsübergreifender Kooperationen und einem tiefen Verständnis des Nutzens und der Funktionsweise selbstorganisierter Netzwerke. Dies bedeutet, Führungskräfte müssen sich selbst, ihre Rolle und ihr Selbstverständnis grundlegend neu reflektieren und können nicht mehr auf tradierten Karrierepfaden den Weg nach oben nehmen. In der Praxis zeigt sich bereits deutlich, dass bei dem Versuch, mit den steigenden Anforderungen Schritt zu halten, ein Veränderungsprozess den anderen jagt. Eine Führungskraft aus dem Marketingbereich eines internationalen Getränkeherstellers beklagte sich bereits vor einigen Jahren, dass man einen Veränderungsprozess gar nicht mehr abschließen kann, bevor der nächste schon annonciert ist. Das führt zu einer noch stärker empfundenen Erschöpfung bei den Beteiligten aus Mangel an abschließbaren, messbaren und replizierbaren Arbeitsvorgängen. Schließlich möchte man auch das Ergebnis seiner Anstrengungen sehen und sich ein wenig daran laben, um dann mit neuer Motivation das nächste Ziel anvisieren zu können. Leider scheint genau das nicht mehr zu funktionieren: Gerade in dieser bewegten Zeit, in der sich die Menschen so sehr nach einfachen Lösungen sehnen, sind die „richtigen" Lösungen weit weg. Und um es mit William Ross Ashby zu beschreiben: Komplexe Herausforderungen brauchen komplexe Lösungen (Ashby 1956). Auch die Initiierung von ergebnisoffenen Prozesse widerspricht den tradierten Managementlehren der Vergangenheit völlig und fordert Führungskräfte in ihrer persönlichen Entwicklung immens heraus.

8.2 Ableitung Führungstypen

Kruse und Schomburg (2016) geben praktische Orientierungshilfen für Führungskräfte, die sich den Rahmenbedingungen einer global vernetzten, hoch komplexen und dynamischen Welt anpassen wollen.

Vernetzung mit Vernetzung kontern In einer komplexen, vernetzten und unvorhersehbaren Situation sind einfache Lösungen meistens unzureichend (Ashby 1956). Daher gewinnt die individuelle „Fähigkeit, sich möglichst angstfrei und neugierig auf unkalkulierbare Marktdynamiken einzulassen" (Kruse und Schomburg 2016, S. 5) an Bedeutung.

Stabilität höherer Ordnung erschließen Wenn das Alltagsgeschäft jederzeit in Frage gestellt, Strukturen und Abläufe permanent verändert und selbst die grundsätzliche Existenzberechtigung von Unternehmen von heute auf morgen in Frage gestellt werden können, muss die Stabilität aus einem übergeordneten Gemeinsamen entstehen. Das geht nur über die Kraft einer spürbaren Kultur, mit der sich Menschen identifizieren und dadurch Orientierung und Stabilität erfahren. „Führung in einem solchen Kontext erweist sich somit als visionärer, demokratischer und indirekter als das traditionelle Führen im Modus eines stabilen Funktionierens, wie es in den vergangenen Jahrzehnten möglich war" (Kruse und Schomburg 2016, S. 5).

Aufbruchsstimmung generieren „Nichts verändern zu wollen, ist (...) keine persönliche Trägheit, sondern ein evolutionäres Erfolgsprinzip" (Kruse und Schomburg 2016, S. 5). Wie können Mitarbeiter in einer vernetzten Welt, in der die Kraft der Ideen und des Neuen ganz dringend und permanent gebraucht werden, von ihren Führungskräften genau dazu ermuntert werden? Nur mit bedingungsloser Offenheit und maximaler Förderung des Unternehmertums auch jedes einzelnen Mitarbeiters kann ein Umfeld wachsen, dass das Unmögliche zu ermöglichen verspricht und eine kollektive Lust an der Entwicklung erzeugt. Motor dieser Entwicklung kann jedoch nicht die einzelne Führungskraft sein. Sie braucht als Basis, sozusagen als Nährboden, eine authentische Kultur, den Mut zum Risiko und die Zuversicht in die eigenen Fähigkeiten, mit Niederlagen oder Fehleinschätzungen umgehen zu können.

Jedoch erfordert der Umgang mit diesen neuen Führungsparadigmen auch ein völliges Umdenken in Bezug auf die Rolle und den Status der Personen und damit völlig neue Anforderungen an die Persönlichkeit potentieller Führungskräfte. Beispielsweise ist die nachwachsende Generation der Digital Natives, also der Generation, die mit den digitalen Medien aufgewachsen ist, durch ihre Sozialisation mit dem Internet ein wichtiger Impulsgeber für die Veränderungsrichtung des Führungsparadigmas (Small und Vorgan 2009). Verbunden mit dieser Generation ist die Fähigkeit, sich einzubringen, über Partizipation ganz neue Strukturen mit Leben zu füllen und innovative Ideen über die Resonanz im Netz zu promoten. Crowdfunding-Projekte sind nur ein Beispiel für das Potenzial dieser neuen Strukturen, alte Wirkweisen außer Kraft zu setzen und damit „die derzeit noch vorherrschende Vorstellung von gesellschaftlicher Machtausübung an vielen Stellen grundlegend in Frage" zu stellen (Kruse und Schomburg 2016).

Wie die Befragten der Studie zu „guter Führung" die Gegenwart und Zukunft sehen und welche Konsequenzen sich daraus in Zukunft für Organisationen, Unternehmer, Manager und Führungskräfte ergeben, spiegeln sich in den fünf Führungstypen wider, die aus der Studie hervorgegangen sind und in Abschn. 6.1.1 vorgestellt wurden.

> **Resümee**
> Führung ist seit der Antike ein viel diskutiertes Thema. Dabei gibt es unterschiedliche Erklärungsansätze für den Erfolg von Führung. Das individuelle Verständnis von Führung bezieht sich auf das Verhalten der jeweiligen Führungskraft und ihren Umgang mit den Mitarbeitern ab. Radikale Veränderungen in Markt und Gesellschaft stellen Führungskräfte aktuell vor neue Herausforderungen. Sie müssen sich mutig und neugierig auf ergebnisoffene Prozesse einlassen, eine authentische, offene Kultur leben, mit der sich die Mitarbeiter identifizieren und die Lust auf Veränderungen macht.

> **Lern- und Kontrollfragen**

- Reflektieren Sie, welchen Typ von Führung Sie im beruflichen Alltag erleben.
- Welchen der theoretischen Ansätze der Führung finden Sie sinnvollsten? Begründen Sie.

Literatur

Ashby, W. R. (1956). *An introduction to cybernetics*. London: Chapman & Hall.
Berthel, J., & Becker, F. G. (2013). *Personal-Management – Grundzüge für Konzeptionen betrieblicher Personalarbeit* (10. Aufl.). Stuttgart: Schäffer-Poeschel.
Gabler Wirtschaftslexikon. (2016). http://wirtschaftslexikon.gabler.de/Definition/fuehrung.html. Zugegriffen am 6.02.2016.
Geramanis, O., & Hermann, K. (Hrsg.). (2016). *Führen in ungewissen Zeiten – Impulse, Konzepte und Praxisbeispiele*. Wiesbaden: Springer Fachmedien.
Horx, M. 2009. Das Buch des Wandels: Wie Menschen Zukunft gestalten. München: Deutsche Verlags-Anstalt.
K. Hermann (Hrsg.), Führen in ungewissen Zeiten: Impulse, Konzepte und Praxisbeispiele (S. 3–15). Wiesbaden: Springer Fachmedien.
Kruse, P., & Schomburg, F. (2016). Ohne Paradigmenwechsel wird es nicht gehen. In O. Geramanis & K. Hermann (Hrsg.), *Führen in ungewissen Zeiten: Impulse, Konzepte und Praxisbeispiele* (S. 3–15). Wiesbaden: Springer Fachmedien.
Naegler, H. (2014). *Personalmanagement im Krankenhaus* (3. Aufl.). Berlin: MWV Medizinisch Wissenschaftliche Verlagsgesellschaft.
Neuberger, O. (2002). *Führen und führen lassen: Ansätze, Ergebnisse und Kritik der Führungsforschung* (6. Aufl.). Stuttgart: UTB.
Small, G., & Vorgan, G. (2009). *iBrain: Wie die neue Medienwelt das Gehirn und die Seele unserer Kinder verändert*. Stuttgart: Kreuz.
Staehle, W. H., Conrad, P., & Sydow, J. (1999). *Management: Eine verhaltenswissenschaftliche Perspektive* (8. Aufl.). München: Vahlen.

9 Praxisbeispiele innovativer Unternehmens- und Führungsmodelle

> **Zusammenfassung**
>
> Parallel zu den in Kap. 6 präsentierten Ergebnissen prognostizieren auch zahlreiche weitere aktuelle Befragungen und Veröffentlichungen einen Turnaround in der Führungs- und Arbeitskultur. So wurden im Auftrag des Handelsblatts einhundert Topmanager zu den von ihnen wahrgenommenen Trends und Entwicklungen im Management befragt. Die Ergebnisse (vgl. Kruse 2009) zeigen eine deutliche Übereinstimmung mit der aktuellen Entwicklungsdynamik auf den Märkten: Die kollektive Intuition der einhundert befragten Topmanager geht von einem Paradigmenwechsel in der Unternehmensführung aus und beschreibt drei zentrale Entwicklungsrichtungen als künftige Herausforderung an professionelles Unternehmertum:
>
> 1. glaubwürdige Sinnstiftung und Ausrichtung auf nachhaltiges wirtschaftliches Handeln;
> 2. marktorientierte Innovationskraft durch die Gestaltung explorativer Netzwerke;
> 3. flexible Anpassung von Unternehmenskultur und dazugehörigem Führungsverhalten.
>
> Aus Sicht der befragten Manager ist die gängige Entscheidungspraxis noch weit davon entfernt, die Weichen zur Erfüllung der zukünftigen Markt- und Kundenanforderungen zu stellen. Die Managementtrends der Zukunft werden nach Kruse (2009) im aktiven Vorantreiben einer Kultur der Nachhaltigkeit sowie in der Nutzung intelligenter Netzwerke (Enterprise 2.0) gesehen, zudem wird ein Paradigmenwechsel im Management gefordert. Erstaunlich ist, dass zwischen intuitiver Einsicht und konkretem Handeln ein offensichtlicher Widerspruch vorherrscht. Wie in Kap. 2 und 3 beschrieben, liegt ein Rückzug auf frühere Erfolgsrezepte immer dann besonders nahe, wenn unsichere Entscheidungen rational begründet werden müssen.

Nichtsdestotrotz gibt es einige Unternehmen, die erfolgreich Prinzipien von „New Work", wie die Anforderungen der modernen Arbeitswelt häufig zusammengefasst werden, in die Tat umsetzen. Solche Beispiele werden in der Literatur als „best practices" bezeichnet. Vor dem Hintergrund des systemischen und konstruktivistischen Denkens ist die wertende Bezeichnung durch „best" problematisch, da sie zu Nachahmung ermutigen und Erfolgsversprechen implizieren könnte. Da jedem System, und damit jedem Unternehmen, unterschiedliche Wertemuster zugrunde liegen und jedes Unternehmen unterschiedliche Ziele verfolgt, kann nicht von „den" best practices gesprochen werden. Die Beispiele, die in diesem Kapitel vorgestellt werden, sollten deshalb rein deskriptiv verstanden werden und zur Reflexion anregen.

> **Lernziele**
> Nach der Durcharbeitung dieses Kapitels sollten Sie
>
> - Praxisbeispiele innovativer Führungs- und Unternehmensmodelle kennenlernen.
> - auf der Basis Ihres Vorwissens über Systeme und den Konstruktivismus die Relevanz von *Best-practice*-Beispielen einordnen können.

9.1 Mitarbeiter führen Unternehmen bei der Haufe-umantis AG

Die Haufe-umantis AG hat das in die Unternehmenspraxis umgesetzt, was vor dem Hintergrund des erstrebten Paradigmenwechsels immer wieder als Idealbild propagiert wird: eine „Demokratisierung" im Unternehmen. Diese Entwicklung fand bei der Haufe-umantis AG ihren Höhepunkt in der Wahl des CEOs durch die Mitarbeiter. Marc Stoffel ist seit 2012 demokratisch gewählter CEO des Unternehmens, nachdem er sieben Jahre zuvor als Praktikant in der Firma begonnen hatte.

Als Schweizer entspricht diese demokratische Art von Führung nicht nur seiner inneren Überzeugung, Stoffel versteht eine partizipative Demokratie auch im betriebswirtschaftlichen Kontext als Wettbewerbsvorteil (Fischer und Maus 2016, S. 352). Lediglich eine Handvoll Organisationen weltweit überlassen ihren Mitarbeitern ein solches Maß an Verantwortung. Die Mitarbeiter der Haufe-umantis AG bestimmen so gut wie alles mit, einerlei ob es dabei um das Management, die Unternehmensstrategie oder die Arbeitsprozesse geht. Wenn man keine Pseudo-Demokratie verfolgt, klingt das sehr verlockend. Dennoch, so Stoffel (2015, S. 263), bedeutet ein solches Maß an Mitentscheidung auch, dass die Mitarbeiter „schwierige, ja manchmal sogar schmerzhafte Entscheidungen mitverantworten müssen".

Stoffel berichtet, dass es im Grunde von den ersten Jahren als Start-up an demokratische Strukturen bei ihnen gab. Im Jahr 2000 wurde das Softwareunternehmen umantis von Hermann Arnold zusammen mit drei Studienkollegen gegründet. Arnolds frühe Überzeugung, dass es wichtig ist, auf sein Team zu hören, sicherte drei Jahre später die Existenz des Unternehmens. Als seine Mitarbeiter 2003 ihre Unzufriedenheit über das damalige Produktportfolio äußerten, das aus individuellen Softwarelösungen für das Prozessmanagement bei der Personalgewinnung, -bindung und -entwicklung bestand, war sich Arnold zwar bewusst, dass umantis mittelfristig eine Standard-Software einführen musste, jedoch von der Dringlichkeit nicht überzeugt. Nach einigen Diskussionen folgte er schlussendlich doch dem Rat der Kollegen, und investierte viel Geld in die Entwicklung des neuen Produkts. Aus unternehmerischer Sicht war der Schritt höchst gewagt, rückblickend jedoch absolut notwendig. „Hätten Arnold und sein Team dies nicht gewagt, würde es Haufe-umantis heute nicht mehr geben", so Stoffel (2015, S. 264).

Diese Erfahrung hat Arnold und das Unternehmen langfristig geprägt und war entscheidend für das bestehende Leitmotiv des Unternehmens, das Stoffel (2015) in drei Worten zusammenfasst: „Mitarbeiter führen Unternehmen". Weiter erklärt er:

„Wir stehen für ein Management, das Mitarbeiter ins Zentrum unternehmerischen Denkens und Handelns stellt. Unserer Meinung nach müssen Mitarbeiter zu Mitentscheidern werden, ja sogar zu Mitunternehmern, die Verantwortung übernehmen und mitgestalten, statt einzig Aufgaben nach Anweisung umzusetzen. Dazu ist zunächst ein geeigneter kultureller und organisationaler Rahmen erforderlich, innerhalb dessen das Wissen und die Fähigkeiten der Beschäftigten so organisiert und moderiert werden, dass sie zum Unternehmenserfolg beitragen. Diese mitarbeiterzentrierte Unternehmenskultur verkaufen wir nicht nur durch unsere Produkte, sondern leben sie auch selbst – wir möchten damit einer Form der Unternehmensführung Bahn brechen, die das gesamte Team aktiv in strategische Geschäftsentscheidungen einbezieht."

Diese Demokratie zeigt sich bei der Haufe-umantis AG in mehreren Facetten. So legt das gesamte Team beispielsweise in regelmäßigen Workshops die Unternehmensstrategie fest, bestimmt die Ziele und definiert die Werte, die jedem Handeln zugrunde liegen. Geschäftsrelevante Entscheidungen wie beispielsweise die Übernahme durch die Haufe Gruppe im Jahr 2011 werden von allen Mitarbeitern gemeinsam entschieden. Darüber hinaus werden die Führungskräfte und die Geschäftsleitung, wie im Fall Marc Stoffel, in einem regelmäßigen Zyklus neu gewählt. In diesem Prozess bewerben sich die Kandidaten wie bei einer Rekrutierung, indem sie sich dem Team mit einer Präsentation vorstellen, ihre Stärken und Schwächen schildern und erklären, welchen Beitrag sie leisten können. In einer anschließenden Diskussion wird geklärt, welche Erwartungen das Team an die Führungsrolle hat. Die Mitarbeiter definieren letztendlich auch den Personalbedarf, sodass mittlerweile 60 Prozent der neuen Mitarbeiter über persönliche Empfehlungen eingestellt werden. So können die Mitarbeiter von Haufe-umantis AG als „Intrapreneure" bezeichnet werden (Stoffel 2015, S. 267).

9.2 Als Kollektiv zum Erfolg bei Premium

PREMIUM ist ein seit 14 Jahren von Uwe Lübbermann geführtes Unternehmen für „Premium-Getränke", darunter Cola und Bier, mit über 1.700 Mitarbeitern und Partnern. Der Geschäftsführer vertritt eine ähnlich demokratische Philosophie wie Arnold und Stoffel bei Haufe-umantis und will nach eigenen Aussagen „eine Gleichwertigkeit von Menschen erreichen" (Greve im Druck). „Daraus ergibt sich, dass ich nicht geschäftsführe, indem ich über andere Menschen bestimme, sondern mit ihnen gemeinsame Lösungen entwickle. Egal in welchem formalen Bezug wir miteinander stehen", so Lübbermann. Seine Mitarbeiter und Partner sind deshalb als großes Kollektiv organisiert, sich selbst versteht Lübbermann in seinem Unternehmen als zentralen Moderator. Seine zentrale Aufgabe ist es, seine Mitarbeiter bzw. „Kollektivisten/-innen", wie er sie nennt, dorthin zu führen, wo sie gut und gerne arbeiten. Der Geschäftsführer ist davon überzeugt, dass Zufriedenheit und Produktivität miteinander einhergehen und lehnt deshalb einen autoritären Führungsstil ab. Stattdessen hat er eine konsensdemokratische Entscheidungsmethode entwickelt, die über ein "Online-Board" – einem Intranet mit Forum-Funktionen – funktioniert. Dort werden alle wichtigen Entscheidungen, die der Chef für das Unternehmen trifft, präsentiert und zur Diskussion gestellt. Bereits ein einziges Veto der 150 angemeldeten Mitglieder reicht aus, um einen Beschluss zu verhindern.

Lübbermann hält es für sinnvoll, als Chef Vorschläge zur Ausrichtung des Unternehmens zu machen, über das „Wie" jedoch soll, sofern der Vorschlag Konsens findet, gemeinsam entschieden werden. Für ihn sind Ergebnisoffenheit und demokratische Entscheidungen wichtige Faktoren, nicht zuletzt weil sie Flexibilität fördern. Gleichzeitig ist ihm jedoch bewusst, dass der Moderator in Krisenzeiten manchmal auch das „Wie" gestalten muss. Dies könne aber als Chance genutzt werden, die Vertrauensbasis zwischen Moderator und den Kollektivisten/-innen zu vertiefen, so Lübbermann.

9.3 Vernetzt arbeiten und Sinn stiften bei Lindig

Ein weiteres Beispiel eines Unternehmens, in dem bereits mit neuen Formen von Führung experimentiert wird, ist die LINDIG Fördertechnik GmbH, einem Dienstleister für Gabelstapler, Lagertechnik und Arbeitsbühnen mit knapp 300 Mitarbeitern. Der Geschäftsführer Sven Lindig hat den Anspruch, andere Menschen konsequent in den Mittelpunkt zu stellen (Greve im Druck). Er erklärt: „Ich als gute Führungskraft will Sinn stiften und Menschen berücksichtigen, sie nicht von oben herab behandeln oder ihnen starre Hierarchien aufdrücken." Eine schroffe, autoritäre Führungsart halte er nicht für gut. In seinem Unternehmen zeigt sich dies darin, dass man anstelle eines klassischen Organigramms auf vernetzte Strukturen setzt, die auch horizontal zu den üblichen Hierarchien stehen können. So sollen beispielsweise mehr Projekte von Azubis und Abteilungsleitern gemeinsam betreut werden. Darüber hinaus will Lindig 2016 für Mitarbeiter aller Ebenen eine Reihe von Workshops veranstalten, um mehr Freiraum für die einzelnen Bereiche entstehen zu lassen und das Gelingen von projektorientiertem Arbeiten sicherzustellen.

Die dem zugrunde liegende Einstellung formuliert Lindig folgendermaßen: „Ich versuche so gut wie möglich, meinen Mitarbeitern viel Raum und Eigeninitiative zu lassen sowie sie nicht zu kontrollieren – das wäre mir sowieso zu anstrengend. Und ich denke, dass Vertrauen dafür eine wichtige Rolle spielt: Vertrauen darauf, dass die Menschen den Weg selbst bestimmen können. Arbeit bei uns wird daher zukünftig immer stärker abseits der klassischen Hierarchiestrukturen stattfinden." Eine ergebnisoffene Führung stellt somit für ihn einen sinnvollen Ansatz dar. Während die einzelnen Bereiche zwar zielorientiert organisiert sein müssen und klare Vertriebsziele haben, soll über das „Wie" durch die Mitarbeiter entschieden werden. Vor diesem Hintergrund hat Lindig seinen Abteilungsleitern für 2016 eine „Must-do-Liste" sowie eine „Nice-to-have-Liste" mit anvisierten Projekten vorgelegt. Er erklärt: „Ich bin davon überzeugt, dass meine Mitarbeiter ein gutes Gespür haben, was sich umsetzen lässt und was nicht." Nicht nur im eigenen Unternehmen sieht er eine klare Entwicklung hin zu mehr Arbeit auf Augenhöhe, die stets von Respekt getragen ist, als einen wichtigen langfristigen Trend für Unternehmen. Bereits 2010 hat Lindig gemeinsam mit seinem Führungskreis Unternehmens- und Führungswerte definiert, die die Grundlage für die gemeinsame Arbeit bilden.

Nach eigener Einschätzung spielt es ihm in die Karten, dass es in seinem Marktumfeld noch genügend Firmen gibt, die sich mit solchen Themen überhaupt nicht beschäftigen. Lindig ist attraktiv für Mitarbeiter, die etwas anderes suchen. Als selbstbewusst, fordernd und sinnsuchend charakterisiert Lindig beispielsweise die jungen Mitarbeiter der Gen Y: „Heute fragen sich die jungen Leute, was sie mit ihrem Job bewirken können. Das ist eine sehr gute Entwicklung". Umgekehrt erwartet er von ihnen sich selbst gut einzubringen und den Prozess durch das eigene Engagement mit voranzutreiben, damit ein gemeinsames Explorieren der Zukunft ermöglicht wird.

> **Resümee**
> Beispiele von Unternehmen, die nach innovativen Organisations- und Arbeitsmodellen agieren, ermöglichen eine Reflexion der eigenen Führungspraxis bzw. des Arbeitsumfeldes, in dem man sich aufhält oder gerne aufhalten möchte. Das Projekt „Augenhöhe – Film und Dialog" (Augenhöhe 2016) porträtiert eine Reihe von Unternehmen, die, ähnlich wie Premium und Lindig, bereits viele Elemente von „New Work" in den Berufsalltag implementiert haben. Die Erlebnisberichte der Menschen, die diese Organisationen gestalten, inspirieren und regen an, sich neuen Denkmodellen zu öffnen.

> **Lern- und Kontrollfragen**

- Was sind Ihrer Meinung nach die erfolgskritischen Voraussetzungen für das Implementieren von innovativen Prinzipien in einem Unternehmen?
- Diskutieren Sie, ob Führung überhaupt noch nötig ist.

Literatur

Augenhöhe. (2016). AUGENHÖHE – Film und Dialog. http://augenhoehe-film.de/de/home/. Zugegriffen am 18.02.2016.

Fischer, H., & Maus, A. (2016). Hundert Prozent Unternehmertum. Null Prozent Bürokratie – Ein Praxisbeispiel bei Haufe. Umantis: Wie man Unternehmen zu Demokratie (ohne Goldfische) befähigt. In O. Geramanis & K. Hermann (Hrsg.), *Führen in ungewissen Zeiten: Impulse, Konzepte und Praxisbeispiele*. Wiesbaden: Springer Fachmedien.

Greve, A. (Im Druck). Gute Führung in Deutschland: Neue Muster für eine vernetzte Welt. In B. Spieß (Hrsg.), *CSR und neue Arbeitswelten: Perspektivwechsel in Zeiten von Nachhaltigkeit, Digitalisierung und Industrie 4.0*. Wiesbaden: Springer Gabler.

Kruse, P. (2009). Die neue Dimension des Wandels: Veränderung dritter Ordnung. In K. Schmidt (Hrsg.), *Gestaltungsfeld Arbeit und Innovation: Perspektiven und best practices aus dem Bereich Personal und Innovation: [Arbeit, Qualifizierung und Fachkräftemangel, Arbeitswelten und ihre Gestaltung, Innovationen und Mitarbeit, Förderung von Lernen und Wissen, Perspektiven in der Weiterbildung]*. Haufe Fachpraxis. München: Haufe.

Stoffel, M. (2015). Mitarbeiter führen Unternehmen – Demokratie und Agilität bei der Haufe-umantis AG. In T. Sattelberger, I. Welpe, & A. Boes (Hrsg.), *Das demokratische Unternehmen: Neue Arbeits- und Führungskulturen im Zeitalter digitaler Wirtschaft* (S. 263–283). Freiburg: Haufe.

Gesamtresümee und Abschlusskontrolle 10

10.1 Resümee

Die vorangegangenen Kapitel beschreiben, welche Auswirkungen die weltweite Vernetzung und die radikalen Veränderungen in Markt und Gesellschaft auf die Unternehmen(sführung) haben und warum systemische und systemtheoretische Betrachtungsweisen für eine erfolgreiche Unternehmensführung heute von erfolgskritischer Bedeutung sind. Im ersten Schritt wurde theoretisch dargelegt, welche Systemzustände es gibt und welche Prinzipien und Handlungsmuster sich daraus ableiten lassen. Umgekehrt wurde deutlich, welche Bedeutung instabile Systemzustände für Veränderungen haben und wie Unternehmen Instabilität für notwendige Veränderungen und schnellere Musterwechsel nutzen können. Dabei ist eine Berücksichtigung der überwiegend unbewussten kulturellen Muster und Kraftfelder, die als Orientierungssystem das tägliche Handeln der Menschen im Unternehmen und auch in den Märkten beeinflussen und leiten, in Entwicklungs- und Veränderungsprozessen wesentlich. Für ein Sichtbarmachen und Messen der kulturellen Kraftfelder hat sich das in Kap. 5 vorgestellte Interview- und Analyseverfahren nextexpertizer in zahlreichen Unternehmensentwicklungsprozessen bewährt, aktuell aber auch in groß angelegten deutschlandweiten Studien zur Zukunft von Führung und Arbeit. Die Ergebnisse dieser Studien zeigen die Dringlichkeit eines Paradigmenwechsels und geben Hinweise auf die sich veränderten Herausforderungen an Führung. So sind sich beispielsweise alle befragten Führungskräfte einig, dass die Fähigkeit und Bereitschaft für ergebnisoffene Prozesse die Zukunft von Führung stark prägen wird. Zum anderen zeigt die Studie zur Zukunft von Arbeit, wie gespalten die deutsche Arbeitsgesellschaft hinsichtlich ihrer Erwartungen und Wünsche ist und wie vielfältig, zum Teil gegensätzlich, sich die

Vorstellungen von Arbeit in der deutschen Arbeitskultur ausgebildet haben. Die starke Mitte scheint sich aufgelöst zu haben und vieles deutet darauf hin, dass kulturelle Vielfalt mit vielen verschiedenen Konzepten von Arbeit auch die Zukunft prägen wird.

Wie gehe ich nun als Führungskraft mit diesen Herausforderungen und dem Wissen um die Heterogenität der Präferenzen meiner Arbeitnehmer um? Auf diese Frage gibt es leider keine Patentantwort im Sinne einer einheitlichen Lösung (vgl. Kap. 8). Vielmehr ist Prozesskompetenz und die Fähigkeit zu Resilienz, Selbstreflexion und Empathie aktuell so wichtig wie nie zuvor. Es gilt, systematisch in Erfahrung zu bringen, was in der zunehmenden kulturellen Vielfalt bei den Mitarbeiterinnen und Mitarbeitern resonanzfähig ist und was nicht. Das ist gerade vor dem Hintergrund des demografischen Wandels und des zunehmenden Fachkräftemangels von erfolgskritischer Bedeutung. Aber auch grundsätzlich ist es heute unverzichtbar, die Kulturmuster, die sich über die Jahre in einem Unternehmen entwickelt haben, regelmäßig zu reflektieren, will man auf den sich sprunghaft ändernden Märkten erfolgreich mithalten können. Denn diese Kulturmuster mit ihren unbewussten Regeln und Normen sorgen einerseits als Orientierungssystem für eine funktionsfähige Organisation. Doch sie verhindert unter Umständen auch, dass notwendige Veränderungen nicht wahrgenommen oder akzeptiert werden oder durchaus gute und zukunftsweisende Ideen von der Kultur akzeptiert werden. Ohne eine „Kultur des Wandels" (vgl. Abschn. 3.3), in der eine Offenheit für Instabilität und ergebnisoffene Prozesse mit ausgebildet ist, werden Musterwechsel, geschweige denn Paradigmenwechsel in angemessener Zeit nicht möglich sein.

Der Zukunftsforscher Horx (2009, S. 285 f.) prognostiziert einen Wandel in Richtung „kreativer Ökonomie" und „adaptiver Unternehmen", in denen der Kunde die generelle Strategie und alle Innovationen bestimmt, den einzelnen Abteilungen ein Höchstmaß an Autonomie zugeschrieben wird und generell versucht wird, die Mitarbeiter zu halten, von ihnen jedoch im Gegenzug Flexibilität weit über die tariflichen Möglichkeiten verlangt wird. Ferner sieht er Diversität bzw. die „Fähigkeit, verschiedene Expertisen multiperspektivisch zu einem Erkenntnisprozess zu ordnen und daraus Strategie zu generieren" als zukünftiges Führungsprinzip. Ähnlich wie Kruse und Schomburg (2016; vgl. Kap. 8) postuliert Horx ein „Spinnennetzmodell" bestehend aus moderierten, selbstorganisierenden Netzwerken als Organisationsmodell der Zukunft.

Die in Kap. 9 vorgestellten Praxisbeispiele berichten von Unternehmen, die bereits erfolgreich nach innovativen Konzepten und Prinzipien agieren, und in denen die Führungskraft eine gleichberechtigtere Zusammenarbeit mit Mitarbeiterinnen und Mitarbeitern „auf Augenhöhe" praktiziert. Es bedarf auf der einen Seite mehr solcher Unternehmen und Führungskräfte, die bereit sind, ihre Kultur grundlegend zu reflektieren und sich den neuen Herausforderungen in Markt und Gesellschaft zu stellen. Auf der anderen Seite braucht es in Deutschland einen gemeinschaftlichen Diskurs und Aushandlungsprozess darüber, in welcher Arbeitsgesellschaft und mit welcher Arbeitskultur wir zukünftig leben wollen, um zum Wohle Vieler und gleichzeitig wettbewerbsfähig die Zukunft zu gestalten.

10.2 Abschließende Kontrollfragen

- Welchen Einfluss hat die Kenntnis verschiedener Systemzustände und daraus abzuleitende Handlungsempfehlungen auf den Führungsalltag?
- Wie manifestieren sich kulturelle Kraftfelder und was ist bei der Messung zu beachten?
- Wie kann praktisch die Führung im Spinnennetzmodel aussehen und welche Auswirkungen hat es auf den Status (Rolle) von Führungskräften?
- Welche Indizien sehen Sie in Ihrem beruflichen Umfeld für die Notwendigkeit eines Paradigmenwechsels?
- Wie erfolgsversprechend ist für Sie der gemeinschaftliche Diskurs in Bezug auf die Neudefinition von Führung und die Neuorganisation von Arbeit? Welche Herausforderungen müssen vordergründig bewältigt werden?

Literatur

Horx, M. 2009. Das Buch des Wandels: Wie Menschen Zukunft gestalten. München: Deutsche Verlags-Anstalt.

K. Hermann (Hrsg.), Führen in ungewissen Zeiten: Impulse, Konzepte und Praxisbeispiele (S. 3–15). Wiesbaden: Springer Fachmedien.

Springer Gabler   springer-gabler.de

Das Gabler Wirtschaftslexikon –
aktuell, kompetent, zuverlässig

Springer Fachmedien
Wiesbaden, E. Winter (Hrsg.)

Gabler Wirtschaftslexikon

., aktualisierte Aufl. 2014. Schuber, bestehend aus 6 Einzelbänden, ca. 3700 S. Abb. In 6 Bänden, nicht einzeln erhältlich. Br.

(D) 79,99 | € (A) 82,23 | sFr 100,00
ISBN 978-3-8349-3464-2

- Das Gabler Wirtschaftslexikon vermittelt Ihnen die Fülle verlässlichen Wirtschaftswissens

- Jetzt in der aktualisierten und erweiterten 18. Auflage

Das Gabler Wirtschaftslexikon lässt in den Themenbereichen Betriebswirtschaft, Volkswirtschaft, aber auch Wirtschaftsrecht, Recht und Steuern keine Fragen offen. Denn zum Verständnis der Wirtschaft gehört auch die Kenntnis der vom Staat gesetzten rechtlichen Strukturen und Rahmenbedingungen. Was das Gabler Wirtschaftslexikon seit jeher bietet, ist eine einzigartige Kombination von Begriffen der Wirtschaft und des Rechts. Kürze und Prägnanz gepaart mit der Konzentration auf das Wesentliche zeichnen die Stichworterklärungen dieses Lexikons aus.

Als immer griffbereite „Datenbank" wirtschaftlichen Wissens ist das Gabler Wirtschaftslexikon ein praktisches Nachschlagewerk für Beruf und Studium - jetzt in der 18., aktualisierten und erweiterten Auflage. Aktuell, kompetent und zuverlässig informieren über 180 Fachautoren auf 200 Sachgebieten in über 25.000 Stichwörtern. Darüber hinaus vertiefen mehr als 120 Schwerpunktbeiträge grundlegende Themen.

€ (D) sind gebundene Ladenpreise in Deutschland und enthalten 7% MwSt; € (A) sind gebundene Ladenpreise in Österreich und enthalten 10% MwSt. sFr sind unverbindliche Preisempfehlungen. Preisänderungen und Irrtümer vorbehalten.

Jetzt bestellen: springer-gabler.de

The manufacturer's authorised representative in the EU is Springer Nature Customer Service Centre GmbH, Europaplatz 3, 69115 Heidelberg, Germany. If you have any concerns regarding our products, please contact ProductSafety@springernature.com

Printed and bound by CPI Group (UK) Ltd, Croydon, CR0 4YY

23/03/2026

02076394-0016